# 沈黙の勇者たち

ユダヤ人を救ったドイツ市民の戦い

岡 典子

新潮選書

# はじめに

ベルリン市の中心部に、「ドイツ抵抗運動記念館」という世界的にもよく知られた施設がある。国防省の敷地内に建つこの記念館は、きわめて広範に及んだドイツの反ナチ抵抗運動の実態を検証し、その情報を広く国内外に発信する役割を担ってきた。

反ナチ抵抗運動とは、ことばのとおりヒトラー独裁やナチス体制を否定し、政権を打倒しようとした人びとの活動を指す。今日広く知られているのは、一九四四年にシュタウフェンベルクら国防軍の軍人が首謀したクーデター「七月二十日事件」であろう。この事件を主題としたトム・クルーズ主演の映画「ワルキューレ」は、日本でも二〇〇九年に劇場公開されている。また、ショル兄妹らミュンヘン大学学生による「白バラ」グループの活動も、比較的早くから知られてきた（なお、これらのグループによる活動は、對馬達雄『ヒトラーに抵抗した人々―反ナチ市民の勇気とは何か―』に詳しい）。

一九六八年に常設展示を開始した抵抗運動記念館は、「七月二十日事件」に関わった軍人たちの名誉回復に始まり、徐々に「白バラ」「クライザウ・サークル」等の民間人へと展示の対象を拡大していった。その後一九九〇年代以降になると、「反ナチ抵抗運動」をヒトラー暗殺計画やクーデター未遂といった衝撃的な事件だけでなく、人びとが日常生活のなかで示したささやかな反ナチの意思や行動にまで広げようとする考え方が、徐々にドイツ社会で認められるようになっていく。

研究機関としてはもとより、政治的にも、また市民教育の場としてもドイツで重要な位置にあるこの記念館に二〇一八年二月、ユダヤ人救援活動に関わった市民を展示するフロアが新設された。終戦後じつに七十三年目のことであった。

同館がこの展示を始めるまでに、なぜこれほど長い時間を必要としたのか。一つには、ユダヤ人を救った幾多の無名のドイツ市民たちが、そのことについて沈黙を守ってきたからである。彼らが沈黙を守った理由は、必ずしも「人間として当然の行いをしただけだ」という良心や規範意識によるものだけではなかった。

ドイツでは長い間、ホロコーストはナチスが独裁政治のなかで秘密裡に遂行した政策であり、多くの国民は知らなかったとされてきた。もちろん、ドイツ国民が絶滅収容所の存在や、そこでユダヤ人の身に何が起きているかも多かれ少なかれ知っていたことは、多くの研究が明らかにしているが、それを公然と語ることはタブーとされてきた。「国民は知らなかった」とすることで、ホロコーストの責任をすべてナチスに負わせて一般市民の免責をはかる戦後の総括が進められてきたからである。

そうした中で、国民自らがユダヤ人救援に関与したと認めることは、ホロコーストを知らなかったとか、自分たちもナチスに欺かれていたといった前提を覆すことにもつながりかねなかった。

しかも、ナチス支配の崩壊後もドイツ社会にはユダヤ人への差別意識が根強く残り、ユダヤ人救援への関与を公言することは依然として困難であった。

一方で、ユダヤ人の側もまた多くを語りたがらなかった。語るにはあまりに凄絶で、重すぎる体験だったからだ。圧倒的多数の同胞が死んでいったなかで、自身が生き延びたことへの負い目もあった。加えて、たとえ語ったとしても、それに心を寄せるドイツ人は少数だった。彼らの多くはユダヤ人たちの生々しい告発を、いつまでも過去に囚われ、自分たちを繰り返し非難し続ける不快な話題だと感じた。

かくしてドイツ人にとってもユダヤ人にとっても、その凄絶な過去は心に深い傷となっていたから、当事者たちが自ら口を開くまでに相当の時間が必要であった。

ユダヤ人救援に関する本格的な研究が始まったのは、ようやく一九九〇年代になってからである。以来、W・ベンツ、W・ヴェッテ、B・コスマラなどのドイツ現代史研究者が中心となり、ユダヤ人を救った無名市民の存在を掘り起こす地道な作業が続けられてきた。そのための主な情報源は生き延びたユダヤ人をはじめとする関係者の証言であった。長い時を経て寄せられた情報のなかには、曖昧な記憶に基づくものや、事実とは異なるものも少なくない。そのなかから「何が事実か」を見極める過程を経て、無名のユダヤ人救援者に関する書物や論文は少しずつ公表されてきた。

今日のドイツで、救援者たちは「沈黙の勇者」と呼ばれる。それはホロコーストを生き延びて戦後を迎えたユダヤ人たちが名づけた感謝と敬意の表現である。

ナチス政権下で一九四一年十月にユダヤ人の強制連行が始まると、一部のユダヤ人は収容所移送を逃れるため地下に潜伏した。その数はドイツ全土で一万人から一万二千人とされ、およそ半数に近い五千人が生きて終戦を迎えたという。潜伏者の二人に一人が生き延びたことは、当時の状況から考えて驚異的である。

なぜ、それが可能だったのか。ゲシュタポ（秘密国家警察）が監視の目を光らせるドイツで、ユダヤ人が独力で生き延びることは不可能である。彼らのために隠れ場所を提供し、食べ物や衣服を与え、身分証明書を偽造し、あらゆる非合法手段を講じて匿った救援者がいたからこそ、生き延びられたのである。

ユダヤ人に手を貸した「沈黙の勇者」の正確な人数は今なお不明だが、これまでの研究を通じて少なくとも二万人を超えるドイツ市民がこうした行動に関与したと考えられている。

かつて、アメリカ人歴史家クリストファー・ブラウニングは、その著書『普通の人びと―ホロコーストと第101警察予備大隊―』で、ポーランドで三万八千人のユダヤ人を射殺したのは、平均年齢三十九歳の労働者階級出身者から成る寄せ集め部隊であり、彼らは召集前にはトラック運転手や船員、事務員、薬剤師や教員などの「普通の人びと」であったことを明らかにした。しかも彼らは、上官からの強制によってではなく、自らの意思でユダヤ人殺害の任務を全うしていたのだ。女性たちもまた、看護師や秘書として派遣された東方占領地域で、ときに嬉々として略奪とユダヤ人殺害に加担した（ロワー『ヒトラーの娘たち』）。彼らは皆、平和な時代にはごく平凡な「普通の人びと」に過ぎなかった。

一方で、ユダヤ人救援にかかわった「沈黙の勇者」たちもまた、その多くがごく平凡な「普通の人びと」であった。救援者には男性も女性もいた。職業もさまざまだった。医師、教師、聖職者、工場労働者や小売店主、農夫もいれば、主婦、娼婦もいた。老人もいたし子どももいた。障害者もいた。かならずしも全員が特段の教養や思想を持ち合わせていたわけではなく、また日ごろから人格者と評されていたわけでもない。だが、圧倒的多数のドイツ国民がユダヤ人迫害に加担し、あるいは「見て見ぬふり」に終始する時代にあって、彼らは自身や家族を危険にさらしてまでユダヤ人に手を差し伸べたのである。

「沈黙の勇者」は今日のドイツで「市民的勇気(Zivilcourage)」の原像とみなされ、学校・社会教育の重要な課題となっている。市民生活のなかでの不正、不当、暴力への傍観を戒めるこのことばは、多様な学校教材やテレビ番組等を介して人々に伝えられている。

では、「沈黙の勇者」たちはどのような方法を用いて、ユダヤ人を助けることにかかわったのか。そして、ユダヤ人たちはいかにして生きるための闘いを続けたのか。実際に行われた救援活動の詳細とともに、救援者、被救援者双方の心情を丁寧に描きだすこと、それにより、混迷の時代を生きる私たちが、自身の思考と行動を顧みる視点を提示すること――これが本書のテーマである。

なお、本論に進む前に、以下の二点をお断りしておきたい。

本書が依拠しているのは、今日までにドイツ国内外で蓄積されてきた当事者の証言や手記、聞き取りなどにもとづく公刊資料が中心である。すでに一部は日本語でも紹介されているが、本書の目的は新たな救援事例の発掘や提示にあるのではなく、近年ドイツで活発になっている「沈黙の勇者」に関する議論をふまえ、それを統合的な形で日本の一般読者に向けて示すことにある。引用した資料については本文中に出典を記し、また巻末の参考文献にも挙げているので、関心をもった方はぜひそれらの資料にも目を通していただきたい。

本書には多くのユダヤ人潜伏者、ドイツ人救援者が登場するが、それぞれの人物に敬意を表すため、紹介に際してはできるだけ実名を記している。日本の読者にはやや馴染みにくいかもしれないので、主要な人物については予《あらかじ》め本文前に簡単な紹介一覧を記しておいた。読む際の助けとしていただければ幸いである。

なお、戦局を含む当時のドイツ社会の全体状況やホロコーストの全体像については、現在も活発な学術論争が展開されているが、その詳細に立ち入ることは本書のテーマではなく、また筆者の力量を超えている。したがって、本書では、それらの全体状況については巻末の参考文献に挙げた代表的な研究者の著作に依拠していることを予めお断りしておきたい。

極限状況におかれたとき、人としていかに決断し、行動するのか。経済格差の拡大、ポピュリズム政党の勢力拡大、難民・移民問題、テロと戦争等、さまざまな問題に揺れる現代ドイツにあって、こうした問いを追求し続けるための身近な手がかりこそ、「沈黙の勇者たち」である。それは、現代日本を生きるわたしたちにも通じる示唆を与えてくれるはずだ。

# 沈黙の勇者たち　ユダヤ人を救ったドイツ市民の戦い　目次

本書に登場するおもな人物

★ユダヤ人潜伏者

ノイマン姉弟（ラルフ・ノイマン／リタ・ノイマン）
十六歳の少年ラルフ・ノイマンは、ゲシュタポからの出頭命令を受けとり、二十三歳の姉リタとともに一九四三年二月から潜伏生活に入る。ラルフは農場主フライシャーのもとで、姉のリタはドイツ人一家のもとで短期間匿われたのち、ベルリンに戻りヴェントラント一家に匿われる。

ルート・アブラハム（ルート）
ドイツ人女性マリア・ニッケルの救援により、夫のヴァルター、生後間もない娘レーハとともに一九四三年一月より潜伏生活に入る。農村での五か月にわたる潜伏生活ののち、夫ヴァルターは知人のゲーデ夫妻に、ルートとレーハはオランダ大使秘書ショットに匿われる。

ダゴベルト・レヴィン
収容所移送の順番を遅らせるため、五歳の息子クラウスをもつユダヤ人シングルマザーのイルゼと結婚し、十九歳で父親となる。強制労働先のドイツ人同僚の助言によって一九四三年の「工場作戦」での検挙を逃れ、一家で潜伏生活を開始する。

インゲ・ドイチュクロン
一九三三年のユダヤ人ボイコット事件当時十歳の少女だったインゲは、母のエラとともに潜伏生活に入り、それぞれドイツ人に扮してインゲは書店の店頭で、母エラは家庭教師として働く。

コンラート・ラッテ

音楽家。救援グループ「エミールおじさん」のメンバーを含む多数の協力者たちに助けられ、ドイツ人に扮して演奏活動をしながら終戦まで生き延びた。

ハンニ・ヴァイセンベルク

一九四三年二月、ゲシュタポによる連行を振り切って逃走し、潜伏生活に入る。ドイツ人税理士ブリューゼハバーのもとに身を寄せたのち、映画館の切符売り場で働く年配の女性ヴィクトリア・コルツァーに匿われる。

クラカウアー夫妻

ベルリン市在住のマックス・クラカウアーとその妻カロリーネ。一九四三年一月から二年三か月にわたり、移動総距離二千キロ以上の潜伏生活を続けた。その間、六十軒以上の家に匿われ、夫妻に手を貸した救援者は延べ二百人を超えた。

シオマ・シェーンハウス

両親を移送で失った青年。グラフィックデザインを学んだ技術力をフランツ・カウフマンに見込まれ、二十歳だった一九四二年から大量の偽造身分証明書を作成する。

★ドイツ人救援者

マリア・ニッケル
敬虔なカトリック教徒。ユダヤ人が経営する職場で働いた経験から、一九四二年十一月、身重のルート・アブラハムに声をかけ、夫のヴィリとともにルート夫妻の潜伏生活を助ける。

エリザベート・アベック
元女子ギムナジウムの教師。生徒の密告による早期退職後、元教え子たちとユダヤ人救援グループ「内なる輪」を結成し、教え子たちの父兄やヴェントラント一家、カウフマン・ネットワークなどと協力しながら、ノイマン姉弟をはじめ多数のユダヤ人を援助し、潜伏生活を送るユダヤ人の子どもや若者に勉強を教えた。

ルート・アンドレアス＝フリードリヒ（フリードリヒ）／「エミールおじさん」
女性ジャーナリスト。一九三八年の「水晶の夜」事件をきっかけに、家族や仲間とともにユダヤ人救援グループ「エミールおじさん」を立ち上げ、音楽家コンラート・ラッテ、ノイマン姉弟をはじめ多くのユダヤ人を救援する。

アグネス・ヴェントラント
牧師の夫ヴァルターと暮らす自宅にノイマン姉弟を匿い、長女ルート、次女アンゲリカらとともに一九四三年、ユダヤ人救援グループ「教会奉仕者共同体」を結成する。由緒ある教会の牧師である夫を巻き込まないよう、ノイマン姉弟がユダヤ人であることや救援活動について夫に隠し続けた。

ヴィクトリア・コルツァー

病身の夫と出征中のひとり息子をもつ女性。顔見知りのハンニ・ヴァイセンベルクから助けを求められ、夫を説得して自宅に匿う。

エディット・ヴォルフ

ユダヤ人ジャーナリストの父とドイツ人の母の間に生まれた「混血（Mischling：ナチス時代の用語）」女性。キリスト教徒として育てられるも、ナチスへの反発から一九三三年にユダヤ教に改宗し、シオニストの青年たちとユダヤ人自助グループ「チャク・シァルジィ（ヘブライ語で「開拓者」の意）」を結成し活動する。

フランツ・カウフマン／カウフマン・ネットワーク

貴族階級出身のドイツ人妻をもつ「混血婚（Mischehe：ナチス時代の用語）」のユダヤ人弁護士。国外移住が叶わず、次第に国内のユダヤ人救援に関与し始めたカウフマンは、一九四二年夏から身分証明書の偽造を開始し、大量の偽造身分証を流通させる。活動の協力者は総勢四百名を数え、国内最大級のユダヤ人救援ネットワークとなった。

ヘレネ・ヤコブス

教師を両親に持つも、父の死去により大学進学を断念したドイツ人女性。ユダヤ人弁理士の秘書となり、勉学の機会を与えられる。弁理士一家のアメリカ移住を手助けして以来、ユダヤ人救援活動にかかわり、告白教会でカウフマンと知り合ってからはカウフマンの秘書として国内各地の聖職者とも連携し、シオマ・シェーンハウスを自宅に匿った。

## 略年表

※本文中で言及している事柄のうち主要なもののみ記載、ユダヤ人の人数は判明している数字のみ記載

| | ナチス・ドイツの国内ユダヤ人政策 | ドイツ国内のユダヤ人の状況 | 本書に登場する主なユダヤ人潜伏者と救援者の動き |
|---|---|---|---|
| 1933 | 1月 ナチ党が政権を掌握<br>4月 政府主導の全国的ユダヤ人ボイコット | 国内にユダヤ人52万5千人居住<br>徐々に国外移住が始まる | クラカウアー夫妻、会社閉鎖に追い込まれる<br>アベック、ユダヤ人生徒差別阻止活動 |
| 34 | 12月 「悪意法」制定でユダヤ人支援が犯罪化 | | |
| 35 | 9月 「ニュルンベルク人種法」公布<br>ユダヤ人の公民資格剥奪 | | |
| 37 | | 本年末まで計13万人ドイツ脱出 | |
| 38 | (7月 フランスでエヴィアン会議開催)<br>11月 「水晶の夜」事件 | ビザの売買が横行 | フリードリヒ、救援G「エミールおじさん」結成 |
| 39 | 2月 ユダヤ人財産没収命令発令<br>3月 「ユダヤ人雇用に関する法」で強制労働規定<br>(9月 第二次世界大戦勃発) | さらに12万人がドイツ脱出 | 1月 ルート、シナゴーグで結婚式 |
| 40 | 4月 アウシュヴィッツ強制収容所、建設開始 | | |
| 41 | 10月 ドイツ・ユダヤ人東方移送開始<br>ユダヤ人の国外移住を禁止 | 17万人が国内に取り残される | |
| 42 | (本年から連合国軍による空襲が激化)<br>1月 ヴァンゼー会議でヨーロッパ・ユダヤ人絶滅方針定まる<br>絶滅収容所での殺戮が本格化 | | 3月 ダゴベルト、両親と共に集合収容所連行後工場で強制労働 後に子持ち女性と結婚<br>7月 ルート、両親が移送される<br>夏 カウフマン、身分証偽造を開始<br>秋 アベック、救援G「内なる輪」結成<br>11月 ルート、マリアと出会う<br>12月 シオマ、身分証偽造に従事 |
| 43 | 2月 ベルリン「工場作戦」で1万1千人のユダヤ人がアウシュヴィッツ連行<br>6月 「ベルリンからユダヤ人一掃」宣言 | 移送を逃れた1万~1万2千人が潜伏開始 | 1月 ルート、夫・生後3日の娘と共に潜伏開始<br>クラカウアー夫妻、連行を逃れ潜伏開始<br>アグネス、救援G「教会奉仕者共同体」結成<br>2月 ハンニ、ゲシュタポを振り切り潜伏開始<br>ノイマン姉弟、潜伏開始<br>ダゴベルト、「工場作戦」を逃れ潜伏開始<br>7月 ハンニ、コルツァーに匿われる<br>8月 クラカウアー夫妻、シュツットガルト到着<br>カウフマン、逮捕<br>シオマ、自転車でシュツットガルト到着、翌月スイスに亡命<br>夏 ノイマン姉弟、アグネスに匿われる |
| 44 | | | 2月 カウフマン処刑 |
| 45 | (1月 ソ連軍によりアウシュヴィッツ解放)<br>(5月 ドイツ降伏、終戦) | 5千人が生きて終戦を迎える | 1月 ルート一家潜伏先にソ連軍侵攻<br>2月 ラルフ逮捕<br>3月 ノイマン姉弟、集合収容所を脱走 |

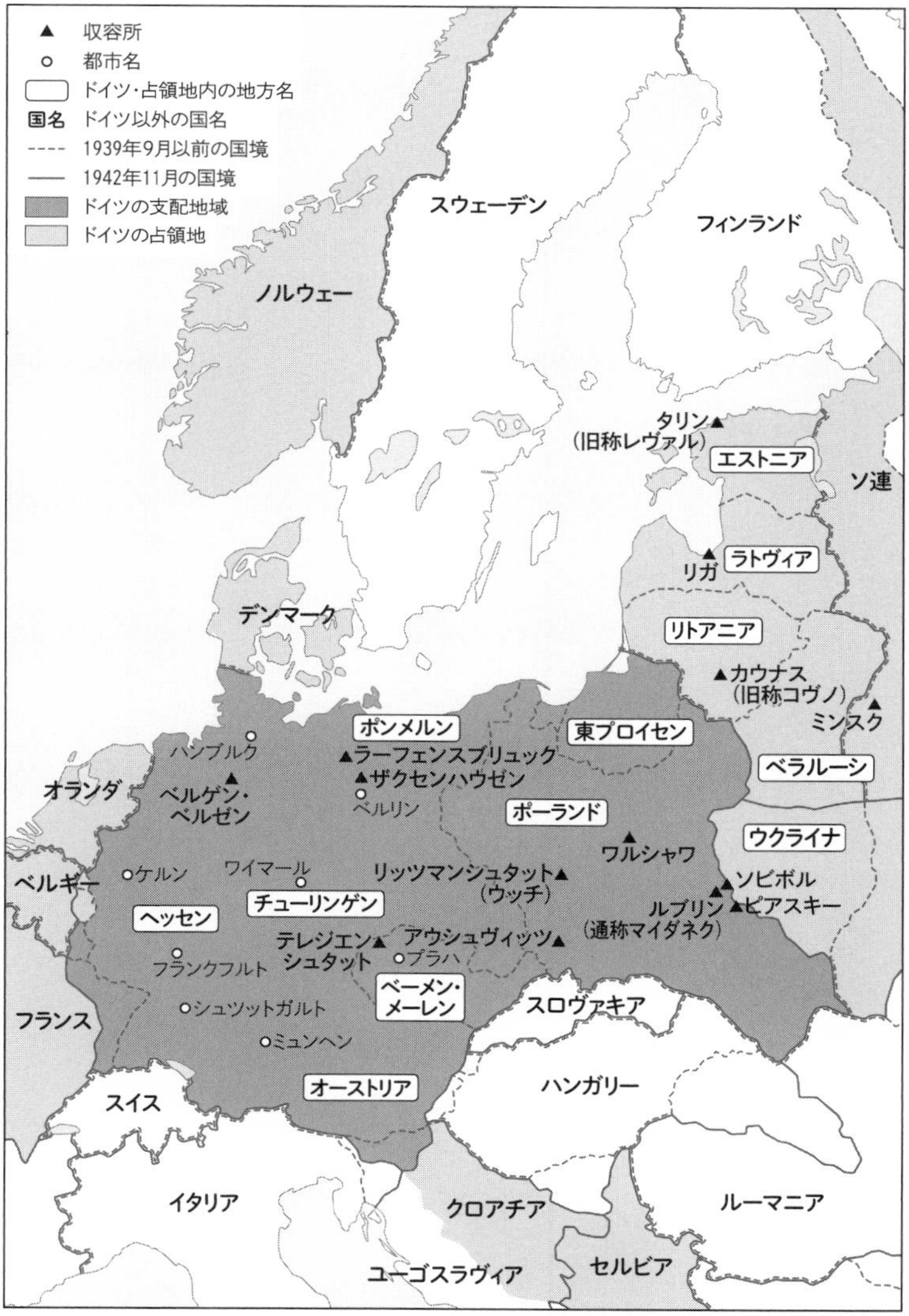

収容所
都市名
ドイツ・占領地内の地方名
国名 ドイツ以外の国名
1939年9月以前の国境
1942年11月の国境
ドイツの支配地域
ドイツの占領地
スウェーデン
フィンランド
ノルウェー
タリン
（旧称レヴァル）
エストニア
ソ連
ラトヴィア
リガ
デンマーク
リトアニア
カウナス
（旧称コヴノ）
ミンスク
ポンメルン
東プロイセン
ハンブルク
ラーフェンスブリュック
ザクセンハウゼン
ベラルーシ
オランダ
ベルゲン・
ベルゼン
ベルリン
ポーランド
ウクライナ
ワルシャワ
ベルギー
ケルン
ワイマール
リッツマンシュタット
（ウッチ）
ソビボル
ルブリン
ピアスキー
（通称マイダネク）
ヘッセン
チューリンゲン
テレジエン
シュタット
アウシュヴィッツ
プラハ
フランクフルト
ベーメン・
メーレン
スロヴァキア
シュツットガルト
フランス
ミュンヘン
ハンガリー
スイス
オーストリア
イタリア
クロアチア
ルーマニア
ユーゴスラヴィア
セルビア

第二次世界大戦期のナチス・ドイツ地図

# 沈黙の勇者たち

## ユダヤ人を救ったドイツ市民の戦い

# 序章

## あるユダヤ人一家の体験

一九四三年二月半ば、ベルリン市に住む十六歳のユダヤ人少年ラルフ・ノイマンとその家族に、ゲシュタポから一通の文書が届いた。身の回りのものを詰めたカバンと二日分の食料をもって二月十八日に出頭せよ。文書にはそう書かれていた。彼らはついに自分たちの番が来たことを悟った。すでに一家の周囲から次々にユダヤ人が消えていた。出頭すれば、その先にあるのは死が待つ収容所である。

「逃げよう」

即座に決意し、ラルフ、二十三歳の姉リタ、そして母ゲルトルートの三人は夜周囲が寝静まるのを待って家を出た。身を隠す場所を求めて、ある友人を訪ねた。だが、匿ってほしいと願い出た一家を友人は突き放した。今夜一晩だけなら泊めてやる。それ以上は絶対に駄目だ。友人にあてがわれた埃まみれのベッドで、彼らは大量の南京虫に襲われながら一睡もできずに夜を過ごした。次の晩、今度は別の友人を訪ね、匿ってほしいと訴えた。だが、返ってきた答えは同じだった。

ラルフ・ノイマン（右）と姉のリタ（左）

三日後、行くあてを失った一家は、人目を避けて「自宅」に戻った。玄関の扉には、ゲシュタポによってこの家が封鎖されたことを示す封印が貼られていた。無理に扉を開ければ封印が破れ、家に侵入者があったことが発覚する。彼らは慎重に封印を剝がし、忍び足で我が家に入った。灯りは点けられない。水道の水も流せない。ここはもはや自宅ではない。誰も住む者のない「空き家」なのだ。眠る場所を求めて真夜中にこっそり家に忍び込み、数時間後まだ周囲が寝静まっているあいだに再び家を抜け出す生活が始まった。日中は思いつく限りの知人を訪ね歩き、匿ってほしいと訴え続けたが、彼らを受け入れる者はいなかった——。

これは、ナチス・ドイツで収容所移送を命じられたユダヤ人家族の体験を記したものである。この時代のユダヤ人迫害と聞けば、まっさきに思い浮かぶのは「ホロコースト（ギリシャ語を語源とし、ユダヤ教で神に捧げる犠牲に由来する）」と呼ばれる大量虐殺だろう。幾多のユダヤ人が貨物列車に積み込まれ、アウシュヴィッツに象徴される絶滅収容所へと送り込まれた。ある者はガス室に送られ、ある者は銃殺された。劣悪な環境と過酷な労働によって飢餓や病で命を落とした者もいた。ホロコーストの犠牲となったユダヤ人の数はヨーロッパ全土で約六百万人、ドイツだけでもおよそ十六万人にのぼった。大多数のユダヤ人にとって、収容所への移送は文字通り命の終わりを意味したのである。

その一方で、ドイツにはノイマン姉弟のように収容所移送を逃れて潜伏したユダヤ人もいた。その数はドイツ全土で一万とも一万二千ともいわれる。彼らにとって、移送命令は命の終わりではなく、生きるための闘いの始まりであった。

本書を通じて紹介する主要なユダヤ人潜伏者のひとりラルフ・ノイマンとその姉リタは、なぜこうした状況に直面することになったのか。それを知るためには、ナチス・ドイツのユダヤ人政策がいかなるものだったかを理解する必要がある。

そこで第一章に入る前にまず、ドイツ国内のユダヤ人にとって潜伏生活が必要となる状態がどのようにして形作られていったのか、ユダヤ人の強制移送が開始される一九四一年十月までの状況を概観しておきたい。

### ユダヤ人迫害の経過

一九三三年一月三十日、アドルフ・ヒトラー率いるナチ党（国家社会主義ドイツ労働者党）が政権を掌握した。第一次世界大戦以来の経済苦境にあえいでいたドイツで、国家再建と経済再生を喧伝したナチスに民衆は熱い期待を寄せた。そのナチスが掲げた重要政策こそ、徹底的な反ユダヤ主義であった。

ヒトラーが首相の座に就いてから三週間後、ベルリン市にある州立美術学校に突撃隊（ＳＡ：ナチスの準軍事組織。構成員には、失業にあえいでいた労働者階級の者が多かった）の隊員が突入し、ユダヤ人教授を追放した。続く三月九日にはベルリン市の証券取引所で、ユダヤ人幹部が解任された（グルーナー『ベルリンにおけるユダヤ人迫害　一九三三―一九四五』）。さらにそれからおよそ一か月後の四月一日には、全国でユダヤ人所有の商店や会社を標的とする大掛かりなボイコット事件が実行されたのである。血気にはやる民衆が勝手に行動したわけではない。れっきとしたナチスの政策であった。六日後には「職業官吏再建法」が発布され、ユダヤ人は公職から追放される。

反ユダヤ主義は確かに政権掌握以前からのナチ党の党是であったが、驚くのはその実行の速さである。これだけを見ても、反ユダヤ主義が、決して条文や文言上の施策などではなく、いかに実効性を伴う本気の政策だったかがわかる。とはいえ、政権成立後間もないナチスがなぜこのように迅速な行動を取ることが可能だったのか。

二十世紀のドイツはヨーロッパのなかでもっともユダヤ人の同化が進んだ国となっていた。ドイツに住むユダヤ人は一九一九年公布のワイマール憲法によって、すでにドイツ人と同等の市民権・公民権を与えられていた。一九三三年の時点で、ユダヤ教徒であるユダヤ人はわずか五十二万五千人しかおらず、しかもその多くはドイツに忠実な愛国者だった。ユダヤ教徒がヨーロッパに居住するようになってから二千年以上もの間、ユダヤ人はほとんど常に弾圧や迫害の対象であったが、二十世紀のドイツで、ユダヤ人に対する嫌悪感はもはや遠い過去のものとなったかに見えた。

だが現実はそう単純ではなかった。ドイツ人の心中には、依然としてユダヤ人に対する複雑な負の感情がくすぶり続けていたからである。その感情は、もとをたどれば「ユダヤ教」という異質の生活習慣や文化をもつ者への生理的嫌悪だったが、ユダヤ人が社会的成功を収めるにつれ、次第に屈折した反発心へと変わっていった。第一次世界大戦に敗れたのは共産主義者やユダヤ人による「背後の一突き」のせいだと主張した右翼政党のプロパガンダも、民衆の心に暗い影を落としていた。敗戦後に成立したワイマール共和国で、ユダヤ人は政財界、学問、文化・芸術のあらゆる分野において中心的な役割を担っていた。未熟な共和制による政治の混乱、戦勝国から押し付けられた巨額の賠償金、一九二九年の世界恐慌に端を発したハイパーインフレ等、民衆を苦しめる諸々の困難の原因を、ナチスは共産主義者やユダヤ人に巧みに転嫁し、人びとの嫌悪を憎悪へと高めることに成功したのである。

ナチス政権成立当時、一般的なドイツ人はどの程度ユダヤ人に否定的な感情をもっていたのか。これについてはいくつかの説があるが、カナダの歴史学者ロバート・ジェラテリーによれば、ナチス政権成立当初、ドイツ人はナチスやヒトラーほどユダヤ人に否定的な感情を抱いていたわけではなかったという。ナチスは、決して熱気と妄想に逸ってユダヤ人迫害へと猛進したのではない。むしろ国民の反応や社会状況を注視し、民心を巧みに誘導しながらユダヤ人迫害の政策を着々と進めて行ったのである。

## ドイツ国民への締め付けと密告社会化

ユダヤ人迫害を進める一方で、ナチスはユダヤ人に好意的であろうとするドイツ国民に対しても締め付けを強化していった。一九三四年十二月には「悪意法（国家と党に対する悪意ある攻撃を阻止するための法律）」が制定され、以来、国家とナチ党およびその政策に対する「悪意ある攻撃」という解釈さえ成り立てば、あらゆる行為が取り締まりの対象となる。この法律によって、ユダヤ人に対する支援や救援は国家に反旗を翻す行為となったのである。加えて民衆の身の周りには、常に監視の目が光っていた。ゲシュタポには、国民をいつでも令状なしに逮捕し、強制収容所に収容する検束の権限が与えられていた。

ナチスは、人びとの行動を意のままに操るため、国民同士の相互監視を最大限に活用した。密告が奨励され、いささかでもナチスに批判的な者や、ユダヤ人と親しくする者がいれば、相手が誰であれ躊躇なく報告するように指示された。

もっとも、民衆による密告は悪意法が制定される以前からすでに盛んに行われていた。このことについて、先に述べた歴史学者ジェラテリーは、興味深い事例を紹介している。一九三三年八月、ビュルツブルクに住む三十五歳の子もちの寡婦が近隣住民に訴えられた。寡婦はユダヤ人男性と恋愛関係にあり、相手の男性が彼女のアパートを出入りする姿を何度も見たと住民たちは主張した。当時はまだ、ユダヤ人とドイツ人の恋愛関係を禁止する法律は存在しなかったにもかかわらず、男性は逮捕され、町中を引き回されてさらし者にされた挙句、ドイツから追放された。

重要なのは、隣人たちが密告を行った理由である。密告者のなかの誰一人、ナチ党員ではなかった。彼らは別にナチスへの忠誠心を示すために隣人を売ったのではなかったのである。住民たちはただ、これ見よがしに戯れあうふたりの態度が不愉快だったのだ。

ドイツの民衆がナチスへの支持や愛国心以外の理由から密告を行った事例はこれだけにとどまらない。イギリスの歴史学者ロジャー・ムーアハウスは、彼らが身近な人間を売る理由は、しばしばもっと利己的なものだったと指摘する。仕事上の競争相手を蹴落とそうとする者もいれば、離婚を有利に進めるため、配偶者の不倫を訴え出る者もいた。家庭内での口論が原因で、父は国家が禁じた国外ラジオを傍受していると家族から濡れ衣を着せられた男性もいた。だが動機は何であれ、人々は積極的に密告に加担したし、それはゲシュタポにとって重要な情報源となっていた。ゲシュタポが行った捜査のうち、じつに八十%は一般市民からの密告がきっかけであったとされる。

かくして監視の目は、社会の隅々にまで及んだ。職場や学校はもとより、レストラン、カフェ、教会、電車やバスの車内、自宅でさえ安心できる場所ではなかった。人びとは同僚を、近隣住民を、レストランの店員は客を、妻が夫を、子どもたちは親や教師を見張った。

さらに一九四一年十月になると、支援どころかちょっとした親切心に対してさえ最高三か月の拘禁が科せられるようになる。空腹にあえぐユダヤ人を見かねて食料を分け与えただけで、強制収容所に送られたドイツ人もいた。

こうした風潮のなかで、ナチス政権初期にはユダヤ人の苦境に同情的だった人びとも、周囲の目を恐れ、次第に見て見ぬふりに徹するようになっていった。

## 迫害の三つの分岐点

ナチスは、民心を誘導しつつユダヤ人迫害の政策を着実に進行していったが、ホロコーストにまで突き進んだその後に比較すれば、当初の政策は緩やかで、迫害というよりは嫌がらせのレベルであったとさえいえるだろう。だからこそ、当初ユダヤ人の多くはこんな状況は一時的なものに過ぎないと信じ、ドイツにとどまり続けた。

よく知られていることだが、ナチス・ドイツのユダヤ人政策の全体像をみると、特定の事件や法制定を分岐点として、大きく三つの段階に分かれていたことがわかる。

最初の分岐点となったのは、一九三五年九月に公布されたニュルンベルク人種法である。元来、ユダヤ教の信者やその子孫を意味するはずの「ユダヤ人」問題をナチスの都合に合わせて「人種」と「血」の問題に転化したこの法律は、ユダヤ人から公民資格を奪った。彼らはもはやドイツ国民ではなく、単なる国籍保持者となり、ドイツ人との結婚や性的関係も禁じられた。

第二の分岐点は、一九三八年十一月九日夜から十日未明にかけて勃発した「水晶の夜」事件（ポグロム）である。ナチスが念入りに準備した大規模な暴力・破壊行為は、ユダヤ人社会に甚大な被害をもたらした。彼らが被った損害の規模は、割れたガラスの代金だけで六百万ライヒスマルク（以下、マルクと略記。なお、歴史家ゲッツ・アリーによれば、一ライヒスマルクの価値はおよそ現在の十ユーロに相当する）に達した。九十人を超えるユダヤ人が殺害され、三万人が身柄を拘束された。「水晶の夜」事件は、ユダヤ人から財産を奪う決定的な転換点であった。以後、企業や工場の経営者はその権利を剝奪され、土地や有価証券をもつ者はただ同然の値段で売却させられた。「水晶の夜」事件によって、ユダヤ人たちはもはやドイツに自分たちの居場所がないことをはっきりと悟った。彼らは行動を制限され、劣悪な条件で強制労働を課せられた。これ以上、彼らから奪うものなど何もないように見えた。だが、これで終わりではなかった。

一九四一年十月、ユダヤ人の収容所移送が始まる。これが第三の分岐点である。すでに前年の四月には、ポーランドの町オシフィエンチム（ドイツ名アウシュヴィッツ）の近郊で大規模な収容所の建設が始まっていた。一九四五年のドイツ敗戦までにホロコーストの犠牲となったユダヤ人の数は、ドイツ系住民だけで十六万人に及んだ。ユダヤ人たちは、まず国民としての権利を奪われ、次に財産を奪われ、ついには生命をも断たれたのである。

## 国内に取り残されたユダヤ人

政権成立当初、多くのユダヤ人は状況を楽観的に捉えていた。ヒトラーの独裁政権など、そう長く続くはずはないし、先祖の代からずっとドイツで暮らしてきた自分たちは「ドイツ人」だ。だからこそ、第一次世界大戦でも大勢のユダヤ人がドイツのために戦い、血を流したのだ。我々は真面目に生活し、ドイツの発展にも尽くしてきた。そうした自分たちに危険が及ぶはずはないと考えたのである。だが、日増しに状況が悪化するにつれ、人びとのなかにはドイツを離れ、他国に移住しようとする者も増えていった。ドイツ国内にあった各種のユダヤ人支援組織も、人びとの国外移住を積極的に支援した。

| 年 | 人　数 |
|---|---|
| 1933 | 37,000 |
| 1934 | 23,000 |
| 1935 | 21,000 |
| 1936 | 25,000 |
| 1937 | 23,000 |
| 1938 | 40,000 |
| 1939 | 78,000 |
| 1940 | 15,000 |
| 1941 | 8,000 |
| 1942-1944 | 8,500 |
| 計 | 278,500 |

| 主な移住先 | 人　数 |
|---|---|
| アメリカ合衆国 | 132,000 |
| パレスティナ | 55,000 |
| イギリス | 40,000 |

ドイツから国外に逃れたユダヤ人の人数（1933〜1944年）と主な移住先
（マイヤー他編『ナチス期ベルリンのユダヤ人』による）

ドイツからユダヤ人を一掃したいヒトラーにとっても、ユダヤ人が自ら出て行ってくれることは歓迎であった。ナチスは彼らの出国に際して法外な額の出国税を課し、財産も没収した。それでも一九三七年末までにユダヤ人全体の四分の一にあたるおよそ十三万人がドイツを離れた。

この頃になると、ユダヤ人たちは自分たちの身にいずれ何が起こるかを悟るようになっていた。あるユダヤ人は皮肉を込めて言った。

> われわれはまず退場した。今度は隔離される。
> そして隔離のあとには抹殺がやって来るのだ。
> 教会でアーメンがあとに続くのと同じことさ。
> （フリードリヒ『ベルリン地下組織』）

その一方で、各国は事実上難民化したユダヤ人の大量流入を警戒し、入国を厳しく制限するようになっていく。ユダヤ人問題を検討するため一九三八年七月六日から十五日にかけてフランスで開催されたエヴィアン会議は、世界のどの国もユダヤ人の受け入れに消極的であるという冷酷な現実を浮き彫りにした。
早くからユダヤ人の救援に関与し、一九三八年以降は夫を含む仲間たちとともに救援グループ「エミールおじさん」の中心メンバーとなった女性ジャーナリスト、ルート・アンドレアス＝フリードリヒはエヴィアン会議からおよそ三か月後、こんなことばを日記に残している。

何とかして逃れることのできる人たちは、とっくに脱出している。合衆国へ、ボリヴィアへ、スマトラへと。まだあまり被害を受けないで逃れた人たち、自分の財産の七十五パーセントを失うだけですんだ人たちに幸いあれ！　お金ならまた稼げるし、財産を失ったのならその苦しみを乗り越えることができる。

（フリードリヒ　前掲書〔一部改訳〕）

「エミールおじさん」を組織したルート・アンドレアス＝フリードリヒ

一九三九年九月に第二次世界大戦が勃発すると、ユダヤ人の国外移住はいっそう困難になった。ドイツ国内に残されたユダヤ人たちは、すでに国外に逃れていた親類や知人を頼り、どうか自分を助けてほしい、あなたの国に移住できるよう力を貸してほしいと手紙を書き送ったが、その文面は日を追うごとに絶望的なものとなっていった。ベルリン市に住む六十代のユダヤ人女性は、パレスティナに移住したふたりの息子にあてて、パレスティナ大使館は埒があかない、自分の入国申請にまともに取り合ってくれないと訴えた。彼女はその後もあらゆる伝手《つて》を頼って国外に助けを求めたが、出国はかなわず、結局、一九四一年十一月にカウナスに強制移送されている。

一九四一年十月二十三日、ナチスはユダヤ人の国外移住を禁止した。その五日前には、首都ベルリンでユダヤ人の大量移送が始まっていた。

このとき、ドイツにはまだ十七万人のユダヤ人が残されていた。

## 潜伏

国境を閉ざされたドイツで、ユダヤ人たちはもはや我が身を守る術《すべ》をもたなかった。一九四一年十月から翌年一月までの三か月間にベルリン一都市だけで十回もの強制移送が行われ、約一万人が収容所に送られた。

彼らには、黙って収容所移送の順番を待つ以外に道は残されていないように思われた。しかし、章の冒頭に記した本書の主人公の一人、ラルフ・ノイマンのように、地下に潜って生き延びようとする人びとが現れる。「地下に潜る」とは、ユダヤ人であることを隠し、別人になりすまして生きることである。名前を捨て、ユダヤ人の身分証明書を捨て、家を捨て、監視の目をかいくぐり、偽名を使って仕事を見つけ、闇で食料を手に入れ、家族と離れ離れになってでも生き抜く覚悟が必要だった。病気になっても医者にかかることはできない。しかも、少しでも周囲の者に怪しまれれば、すべての努力は水の泡となる。

身を隠して生きることがいかに困難であったかは、明確に数字に現れている。ナチスの宣伝相ヨゼフ・ゲッベルスは一九四三年六月、ベルリンからユダヤ人を一掃できたと高らかに宣言したが、実際にはその後もさらに強制移送は続いた。一九四四年の初頭になっても、ベルリンからは毎月のようにユダヤ人が収容所に送られた。その多くは、密告や手入れによって露見した潜伏生活者たちだった。

ユダヤ人たちはあらゆる苦難を予測したうえで、それでもなお一縷の望みをかけて潜伏生活を決意した。次に記すのは、ゲシュタポからの召集令状が届いた場合にどう行動するかをめぐって、二十一歳のユダヤ人音楽家コンラート・ラッテと彼の父親との間で交わされた会話である。

「行かないんだね」と父は繰り返した。「その後はどうなるんだい？」

「逃亡し、地下にもぐるのです。こんな戦争は永遠につづくはずがありません！」

「食料配給券なしで、何か月、何年間もどうやって生きていけばいいんだ？」と父は尋ねた。

「闇市で調達すればいいのです！」「その代金はどうやって払うんだ、どんな金で？」「ひそかに仕事を見つければいいのです！」「どこに住んだらいいんだ」「たくさん友達はいるでしょう！」

「おまえは本当に、われわれ三人のユダヤ人を何か月も地下にかくまってくれる人がいるとでも思っているのか？」

（シュナイダー『せめて一時間だけでも』〔一部改訳〕）

その後、ラッテは本当に地下に潜伏し、ホロコーストを生き延びて終戦を迎えることになる。「たくさん友達はいるでしょう！」。ラッテのこのことばは、彼がなぜ生き延びることができたかを端的に示している。密告がはびこり、空襲で爆弾の雨にさらされるドイツで、ユダヤ人はどのように生き延びたのか。以下、まずは一九三三年以降の彼ら潜伏者と救援者たちの「出会い」から見ていこう。

# 第一章　出会い　1933-1943

## 1　分断

### ユダヤ人ボイコット事件

ヒトラーがドイツ首相となって二か月後の一九三三年四月一日、ドイツ各地でユダヤ人経営の商店やユダヤ人医師・弁護士に対するボイコットが発生した。それは政権成立以来、最初の政府主導による大規模なユダヤ人排斥行動であった。

「ドイツ人はドイツ人の店でのみ買い物をせよ」

「汎ユダヤ主義はドイツを滅ぼす。ドイツ民族よ、自衛せよ！」

ユダヤ人排斥を訴えるプラカードや横断幕を掲げた突撃隊の隊員たちが街なかを行進し、ユダヤ人商店の入り口に立ちふさがった。ショーウィンドーのガラスが割られ、ユダヤ人の住居には「ダビデの星」がペンキで落書きされた。混乱に乗じて傷害や殺人が発生しても、警察は介入しなかった。「度量をもって見逃すよう」あらかじめ通達を受けていたからである。

ユダヤ人女性ルート・アブラハム（一九三九年に結婚。当時は旧姓ルート・フロム）はこの時二十歳で、ベルリンに住んでいた。ルートは一九一三年、五人姉妹の末子として西プロイセンの小都市レーバウ（現ポーランド領）に生まれた。父は富裕な実業家で、一家は敬虔なユダヤ教徒だった。実母はルートを産んだ十か月後に病死したが、ルートが六歳のときに父と再婚した義母も娘たちをかわいがり、大切に育てた。キリスト教徒とユダヤ教徒が親しく暮らす穏やかな町で、ルートは伸び伸びと幼少時代を過ごした。

だがドイツが第一次世界大戦に敗北し、一九一九年のヴェルサイユ条約でこの町がポーランドに併合されると、町の空気は一変する。ある日、ルートは町のベンチにナチ党のシンボルであるハーケンクロイツが落書きされているのを見つけた。隣には乱雑な文字で「ユダヤ人め、ユダヤ人め、ユダヤ人め」と書かれていた。当時六歳だったルートはそれまでハーケンクロイツを見たこともなければ、その名称も意味も知らなかったが、自分たちユダヤ人に敵意が向けられていることだけはわかった。またあるとき、一家が町にでかけると、ポーランド人がルートたちに向かって叫んだ。「パレスティナに行っちまえ!」。ついこの間まで仲良く遊んでいた友達も、ルートを見ると「ユダヤ人、ユダヤ人」と吐き捨てるようになった。

こうしたなかで一九二一年、一家は安住の地を求めてドイツへの移住を決意する。ルートが八歳のときだった。ドイツは洗練された国で、ゲーテやシラーを生んだ文明国だ。ドイツならきっとユダヤ人を正当に扱ってくれるに違いないと一家は信じた。だがそれから十二年後のこの日、安全を信じて逃れてきたそのドイツで、ルートはふたたびユダヤ人迫害に直面したのである。

窓ガラスにダビデの星を落書きされたユダヤ人経営の商店を見て、彼女は底知れない恐怖を覚えた。両親の教えを受け、熱心なユダヤ教徒として成長していたルートは、どうかアメリカやイギリスがヒトラーの正体に気づき、私たちを救ってくれるようにと神に祈った。

のちにルートと出会い、助けることになるドイツ人女性マリア・ニッケル(一九三五年に結婚。

当時は旧姓マリア・レーム）は、二十二歳だった。マリアはこの日、ユダヤ人が経営する煙草屋に買い物に行こうとしてボイコットの現場に遭遇した。その体験を彼女はこう語っている。

一九三三年四月初めのある日、私はレーザー・ヴォルフ煙草店に買い物に行こうとしました。でも、店の前には武装した突撃隊の男たちが立ちはだかっていて、私が店に入ろうとするのを邪魔したんです。（中略）突撃隊の男たちは、「アーリア人」はもうユダヤ人の店に来てはいけないと私に命令しました。なんてひどいことを。そんなの我慢できない。私は政治なんかまったく興味ないし、世のなかで起きている事件のニュースだって、ほとんど読みません。うちの両親は新聞も取っていません。私はただ、ユダヤ人がどうしてこんなにひどい扱いを受けるのか理解できませんでした。人びとがこれほど強い憎しみに燃えていることが、信じられなかったんです。

（ソコロウ／ソコロウ『ルートとマリア』）

マリア・ニッケル（左）とルート・アブラハム（右）

マリアは一時期、ユダヤ人経営の不動産会社で働いていた。そこでは五十人ほどいた従業員の大半がユダヤ人だった。皆温かい人びとで、マリアに親切にしてくれた。そんなユダヤ人が不当な扱いを受けていることが、マリアには耐えられなかった。

この日、ベルリンで薬局を営んでいた三十代のドイツ人女性は、店がボイコット事件の標的となったうえに、突撃隊員の尋問まで受けた。亡夫がユダヤ人だったからである。彼女の語る状況も生々しい。


私を尋問した男は、ひどく下劣な物言いで亡き夫を辱しめ罵倒しました。「お前の亭主は薄汚れたユダヤ野郎だ!」。しかも男は、私がユダヤ人の企業から薬を卸し、ユダヤ人医師と仕事で付き合うなど、許せないことだと非難したんです。

(ザントフォス『パンコウとライニッケンドルフにおける抵抗運動』)


彼女はその後もたびたび迫害にさらされ、一九三六年にはついにナチスに店を没収されたが、その後もさまざまなかたちでユダヤ人への助力を続けた。

このボイコット事件をドイツの人びとはどう受け止めたのか。彼らのなかには、率先して破壊行為や暴力行為に加わる者もいるにはいたが、多くの者はナチスが扇動する過激なユダヤ人排除には無関心だったという。ユダヤ人商店を見張る突撃隊員でさえ、上官の命令で仕方なくというそぶりを示す者もいた。たとえば、当時十歳だったユダヤ人の少女インゲ・ドイチュクロンは、四月一日の夜母親と一緒に親戚が経営するベルリン市シュパンダウの洋服店に行ったときの光景を覚えている。

確かに、ハンネス叔父の店の前には、ナチス突撃隊の歩哨が立っていました。でも、この突撃隊の一人は、「何しろきまりなもんでね……」と弁解めいたことを言いました。他のおとくいさんたちは、別に邪魔もされずに叔父の店に出入りしていましたが。

（ドイッチュクローン『黄色い星を背負って』〔一部改訳〕）

インゲ・ドイチュクロン（右）と母エラ（左）

また別の例として、自らもユダヤ人としてナチスの迫害を経験したジャーナリスト、ハインツ・ダーフィト・ロイナーは、ボイコット事件の際、ドイツにはユダヤ人に同情し、親切心を行動で示した人びとが大勢いたと指摘している。人びとのなかには、ユダヤ人の友人に電話をかけて安否を気遣う者や、わざわざユダヤ人の店で買い物をする者もいた。デュッセルドルフ市内の女子ギムナジウムで校長をしていたある女性は、事件の当日ユダヤ人生徒全員の家庭に花を贈ったという。見舞いの気もちを示すためであった。

## 沈黙させられた「善意」

当初五日間の予定だったボイコット事件は、結局一日で中止された。その理由について歴史家の芝健介は、「深刻な不況下にあった当時のドイツで、何百万という失業者に加え、さらに労働者・職員を路頭に迷わす恐れ」があったためだと指摘する。このことは、当時のドイツでユダヤ人が社会的にも経済的にもいかに重要な役割を占めていたかを物語る。十九世紀に宰相ビスマルクのもとで国民としての権利を認められて以来、ドイツのユダヤ人は政治、司法、学問、文化、実業などの多様な分野でドイツ社会の屋台骨を担う存在となっていた。そのユダヤ人を一気に排除することは事実上不可能だったのである。

多くのユダヤ人はボイコット事件に多少の不安を感じはしたものの、いずれ自分たちの身に起こる苦難についてはまだ予測できずにいた。先述のユダヤ人少女ドイチュクロンは言う。「私たちをおびえさせたこの出来事は、だれの目にもまったく一回きりのものと思われたし、現実味のない、もの珍しい事件とさえ思われた」。ユダヤ人たちは自分たちの安全を確信していた。彼らはそれほど深くドイツ社会に同化し、自分たちを「ドイツ人」の一部だと信じていたからである。

だが、なかには冒頭のユダヤ人女性ルート・アブラハムのように、ナチスが自分たちを本気で排除するつもりだと直感する者もいた。このボイコット事件の後、ベルリンで店を構えていた富裕なユダヤ商人の少なからぬ人びとは、ドイツにはもはや生きられる場所はないと悟り、家族とともに国外に移住した。

事実、彼らの予感は的中する。事件後、ナチスは当初の計画どおりにユダヤ人排斥の政策を実施していった。ボイコット事件から六日後の四月七日には、公務員、教師、弁護士の職からユダヤ人を追放する「職業官吏再建法」が制定される。同月二十五日には「ドイツ学校・大学過剰解消法」によって、ユダヤ人の学生・生徒は進学機会を大幅に制限された。さらに翌年二月には、ユダヤ人は医師免許国家試験の受験資格を剝奪された。

ユダヤ人はもともと教育熱心であった。このことを示す興味深い数字がある。一九〇一年、プロイセン邦のキリスト教徒の子どもで国民学校よりも上級の学校を卒業したのは七・三％であったのに対し、ユダヤ人の子どもは半数を超える五十六・三％と、教育における彼らの圧倒的な優位性が見てとれるのである（ヘルベルト『第三帝国』）。このことからだけでも、進学機会を奪われることがユダヤ人にとっていかに深刻な打撃であったかが理解できるだろう。

ユダヤ人の排斥に一般のドイツ市民が加担する事件も起きた。一九三三年五月十日、ドイツ全土の大学都市で、学生たちがユダヤ人著者による書籍やナチズムに対立する書物を大量に火にくべたのである。焚書は「非ドイツ的な」ものに抵抗し、ドイツ文化を「浄化」するための儀式であった。

のちに収容所移送を逃れ、ベルリン市で生き延びていくことになるユダヤ人男性のダゴベルト・レヴィンは、この光景を目撃している。当時国民学校の生徒だったダゴベルトは、親しくしていたスイス人の大学生ハンスに連れられ、ベルリン中心部のオペラ広場（現在の名はベーベル広場）に出かけていった。突撃隊員と親ナチの大学生たちがシュプレヒコールを上げながら、おびただしい数の書物を次々に積み上げていく。ハンスが近くにいた大学生に本をどうするつもりなのかと尋ねると、大学生は言った。「今夜、燃やすんだよ。ゲッベルスの命令なんだ」。ダゴベルトには、ハンスが耳元でささやいた声が強く記憶に残った。「信じられない。でも、この光景は見ておかなくちゃいけない」。

## ユダヤ人とドイツ人の分断

ユダヤ人は公的な身分を奪われ、社会から少しずつ締め出されていったが、その一方で、ユダヤ人とドイツ人との交際を断ち切る政策は容易には進まなかった。ユダヤ人はすでにドイツ社会に深く根を下ろしていたからである。ドイツ人のなかに、ユダヤ人の友人知人や親類をもつ者は大勢いた。ユダヤ人とドイツ人との結婚カップル(「混血婚(Mischehe:ナチス時代の用語)」)も多数存在した。この一九三三年の一年間だけでおよそ千七百組の「混血婚」カップルが誕生している。

ナチ党員や政府の役人でさえ、政権成立後もユダヤ人との個人的な付き合いを続けていた。ベルリン市内のあるユダヤ人経営の商店では、ナチス政権が成立した後も相変わらず役人たちが常連客として出入りしていたという。

この状況を打開するためにナチスが取った方策は脅しであった。翌年の一九三四年五月十八日、宣伝相ゲッベルスは自身が創刊した新聞「攻撃」のなかでこう警告する。

強制収容所送りが怖くない者は、(ユダヤ人政策を)批判しても結構だ。

（ロイナー『良心が罪だった頃』）

一九三四年十二月に制定された「悪意法」は、ユダヤ人迫害に関連してユダヤ人ではなくドイツ人を罰する最初の法律となった。以後、ユダヤ人に対する支援活動は国家目的に反する行為とみなされ、証拠調べなしに起訴できる事案として扱われるようになる。

新聞各紙は、ユダヤ人と交際を続けるドイツ人を国家の恥辱であり反逆者だと書き立てた。さらに一九三五年になると、ユダヤ人に好意的な態度をとるドイツ人は「人種の恥辱」としてプラカードを首から提げ、公衆の面前でさらされるようになった。

当時の状況について、前述のルート・アブラハムはこう振り返っている。「長年、うちに往診に来てくれていた医師たちは、我が家に来るのを突然拒否するようになったし、ピアノの先生でさえ、うちに出入りするのを嫌がった」。

それでもなお、ドイツ人のなかには、以前と変わらずユダヤ人と親しく交際し、わが子をユダヤ人の友達の家に遊びに行かせる者もいた。たとえばこんな事例もある。一九三五年一月、ナチスが発行する複数の新聞に一枚の写真が掲載された。それはナチ党高官の娘の九歳の誕生日を祝うパーティの写真であった。十人の子どもが並ぶほほえましいはずの写真を見て、党の幹部は頭を抱えたという。写っている子どもたちのなかにユダヤ人がいたからである。

さらに以下のような例もある。南部の村ヘッデスハイムでは、地元で名を知られた腕利きのワイン生産者がユダヤ人の知人から招待を受け、子どもの堅信礼を祝う席に参加したことが発覚し、新聞沙汰になった。プフォルツハイムに住むある居酒屋店主は、地元新聞に「彼はユダヤ人の使用人だ。自分の店の前に『異人種のみ。ドイツ人はお断り』と張り紙を出すがよい」と書き立てられた。「ユダヤ人はドイツにとって永遠の災厄だ、奴らを追放せよ」と店内で叫んだ客に腹を立て、「黙れ、二度とうちの店に来るな」と怒鳴ったからだった。

こうしたなかで、知人としての交際や親切という次元を超え、はっきりとユダヤ人の味方として振る舞う者もいた。ベルリンの伝統ある女子ギムナジウム、ルイーゼ校の歴史教師だったエリザベート・アベックもそのひとりである。ナチスが敵視し弾圧した社会民主党（ＳＰＤ）の確信的な支持者であったアベックは、ヒトラーが政権を掌握するとすぐに、同僚の女性教師や一部の上級学年生徒たちと協力し校内に「反ナチ運動グループ」を立ち上げた。ユダヤ人生徒に対する校内での差別的な扱いを阻止するためである。

エリザベート・アベック

その一方で、アベックはユダヤ人を庇護はしてもナチスやヒトラーに対する直接的な批判は避けた。彼女は一九三四年八月二十日の法律で、ヒトラーに対する公務員の忠誠宣誓が定められると不承不承ではあったが宣誓書に署名する。独身のアベックには、年老いた母と身体に重い障害をもつ姉ユリーがいた。ふたりの生活の全責任が彼女の肩にかかっていた。主義信条に殉じて職を失うわけにはいかなかったのである。

## ラルフ少年を守った尼僧院長の「親切」

このように、政権成立当初はユダヤ人に好意的であった人びとの多くは、ナチスの強まる威嚇やプロパガンダ、さらにはヒトラーを救世主と崇める風潮のなかで、次第に沈黙するようになっていったが、ユダヤ人の苦境に寄り添い、親切心を示す人びともまだ残っていた。

序章の冒頭で紹介したユダヤ人少年ラルフ・ノイマンも、そうした人物に守られ穏やかな少年時代を送っている。

一九三三年、六歳のラルフは家族が暮らすベルリンを離れ、ポツダム近郊の村にある「子どもの家」に預けられた。そこはディアコニッセ（生涯未婚を貫き、社会奉仕に献身するプロテスタント女性のこと）が運営する施設で、二十人から三十人ほどの子どもたちが共同生活を送っていた。ラルフは十一歳になる一九三八年までの五年間をここで過ごしている。彼は二歳のとき結核を患っていた。息子の健康のためにはきっと自然豊かな田舎で成長するほうが良いだろうと母ゲルトルートは考えた。だが同時に彼女は、幼いラルフが施設内でユダヤ人差別の標的になることを心配した。ゲルトルートは「子どもの家」の院長に、ラルフがユダヤ人である事実をどうか秘密にしてほしいと頼んだ。

院長は母親の願いに応えた。彼女がいかにこの約束に誠実であったかを象徴するこんなエピソードがある。

一九三六年頃になると、「子どもの家」の子どもたちは次々にヒトラー・ユーゲントに加入していった。ヒトラー・ユーゲントとは、反ユダヤ主義を基礎にドイツ民族（アーリア人種）を世界の支配者とみるナチ思想を注入し、ヒトラーに忠実な青少年を育成する国家的な青少年組織のことである。一九三六年十二月には「ヒトラー・ユーゲント法」が制定され、十歳から十八歳（女子の場合は十歳から二十一歳）のすべての少年少女に加入が義務づけられるようになった。

ラルフには、なぜ自分だけがこのヒトラー・ユーゲントに入れないのかわからなかった。幼くして家族から離されたラルフは、自分がユダヤ人であることを知らなかった。だから日曜日には躊躇なく仲間たちと一緒に礼拝に出席し、食事のときや就寝前にはキリストに祈りを捧げた。学校の授業でヒトラーの著書『我が闘争』についてレポートを書き、クラスの最優秀作品に選ばれたこともあった。クラスの仲間も学校の教師も、ラルフ自身ですら、ラルフがドイツ人であることを疑わなかった。

あるときラルフは院長に尋ねた。

「どうして僕だけ、ユーゲントに入れないの？」

院長は言った。

「そうね。今度お母さんに話しておいてあげましょうね」

院長はラルフ自身に対してさえ、彼がユダヤ人であることを隠し通したのである。

一九三八年初めのある日、「子どもの家」に預けられていたラルフを母が突然迎えに来た。ラルフは十一歳になっていた。母は言った。ユダヤ人の子どもはもうここにはいられなくなったのだと。彼はこのとき初めて、自分がユダヤ人であることを知った。

## 2 差別から迫害へ

### 逮捕、収容、連行のはじまり

一九三八年に入ると、ユダヤ人はさらに追い詰められていった。イスラエルの歴史学者クルト・ヤコブ・バル＝カドゥリは言う。「一九三八年になると、人びとはすぐ目の前に大惨事が迫っていることを感じるようになっていた」。同年六月には、ベルリンで千五百人のユダヤ人が逮捕され、強制収容所に収容された。「反社会的」もしくは「労働忌避分子」の烙印を押された「前科者」が対象という建前だったが、実際には単なる交通違反者まで含まれていた。ユダヤ人経営の店が破壊され、壁やガラスに落書きされた。当時ベルリンに住んでいたあるユダヤ人男性は、日記にこう書き残している。「六月以来、ユダヤ人の平安は失われてしまった。夏が来ても、人びとはもはや自然を感じることはない。太陽の輝きに気づくこともなく、太陽は私たちを暖めてはくれない」。十月には、ドイツに住むポーランド生まれのユダヤ人がポーランドに追放された。一万五千人とも一万七千人ともいわれる人びとが、親衛隊（SS：当初ヒトラーの護衛組織であったが、政権奪取後、警察権力も握るナチ党の巨大組織となった）と警察によって着の身着のままで連行されたのである。

## 「水晶の夜」事件

一連の事件は、ユダヤ人に対するナチスの政策が差別の段階から迫害の段階へと移行したことを明示する。こうした状況のなかで起きたのが「水晶の夜」事件（ポグロム）であった。

一九三八年十一月九日夜、「水晶の夜」事件がナチスの手で実行された。十一月七日、ヒトラーと宣伝相ゲッベルスは、「ユダヤ人財産のそれ相応の破壊をもって終わることになる」作戦を開始するよう命じた。ただちにドイツ各地で突撃隊員やナチ党員が招集され、命令は実行に移された。ユダヤ人の精神的支柱であるシナゴーグからユダヤ人経営の商店、家屋、病院から学校にいたるまで、ユダヤ人の生活を支えるあらゆる施設が焼き討ちに遭い、瓦礫の山と化した。全国で少なくとも二百六十七のシナゴーグが破壊され、七千五百のユダヤ人事業所が略奪や破壊に遭った。百十七のユダヤ人住宅やアパートが放火などの被害に遭い、百二十人を超えるユダヤ人が殺害や自殺により命を落とし、あるいは重傷を負った。ユダヤ人との性交渉は一九三五年の「ニュルンベルク人種法」で禁止されていたにもかかわらず、多くのユダヤ人女性が強姦された。男性は逮捕され、強制収容所に送られた。逮捕されたユダヤ人の数は、全国で三万人にのぼった。

破壊行為に加担した者の中には突撃隊員やナチ党員だけでなく、ドイツの一般市民もいたし、破壊されたユダヤ人の商店を笑いながら眺める者もいた。さらに、シナゴーグの放火に際しては消防隊が専門家として加担したという。

この年にユダヤ人救援グループ「エミールおじさん」を立ち上げた前述の女性ジャーナリスト、ルート・アンドレアス＝フリードリヒは、当時秘密裡に綴っていた日記のなかで事件翌日の体験を次のように語っている。

押し黙った一団が途方にくれてユダヤ教会の方向を見つめるが、その円蓋は煙の雲に覆われている。「とんでもない恥さらしだ！」とわたしのわきでひとりの男がささやく。本当はいまこそ隣人に「仲間よ」と声をかけるべき時だ、とわたしはふと思いつく。けれどもわたしはそれをしない。そのようなことはけっして実行されない。ただ心に思うだけである。（中略）われわれ、ここに座ってバスで行きながら、恥ずかしさのあまり消え入る思いでいるわれわれは、恥じらいの仲間である。同じ悔恨の情に駆られる同志である。もしみんなが恥じているとすると、いったいだれが窓ガラスを割ったのだろう？

（フリードリヒ『ベルリン地下組織』〔一部改訳〕）

フリードリヒの記録は、未曾有のユダヤ人迫害を前にして呆然とするドイツ人の姿を生々しく切り取っている。ドイツ人のなかには、嬉々として破壊行為に加担する者がいる一方で、フリードリヒがバスで乗り合わせた男性のように、卑劣な方法でユダヤ人を追い詰めるナチスに憤りを覚える者ももちろんいた。だが彼らは、決してその感情を口に出すことはしない。確信的な反ナチ者であり、すでに一九三三年の政権成立当初からユダヤ人の苦境に寄り添ってきたフリードリヒ自身でさえ、「恥さらし」とつぶやいた男性に同調の声をかけることもなく、押し黙ったままである。それは、その場にいる誰が密告者になるか、わからないからであった。彼女が描写したこの光景は、密告制度が張り巡らされたドイツの日常社会で、ナチスの方針にわずかでも異を唱えることがいかに危険になっていたかを示している。

一方、こうした状況のなかでも当時十六歳になっていたユダヤ人少女インゲ・ドイチュクロンは、事件の翌日、馴染の食料品店の女性店主がいつもとまったく変らぬ優しさで接してくれたことを覚えている。「いったい、なんてことだろうね」と女性店主は言い、理解できないといった素振りで頭を振った。長年食料品店を経営してきた彼女にとって、ユダヤ人の馴染客は皆「とっても良いお客さん」だったのだ。

また、北ヴェストファーレン大管区の小都市ボルゲントライヒの市長は、「水晶の夜」事件に対する同市での反応を次のように報告している。

市民たちは事件について十分に理解していないか、そもそも理解しようともしないようだ。市民たちの間にはユダヤ人への同情も見られた。その同情は特に、全財産を奪われたり、男性ユダヤ人が強制収容所に送られたりしたことに向けられていた。こうした市民たちの雰囲気は決して全体を覆うほどではないが、少なくとも市民の六十%はそうした考えをもっているように思われる。

（クルカ／イェッケル編『ユダヤ人に関するナチス秘密調査報告　一九三三―一九四五』）

このように内心では憐れみを感じていた人びとも、密告が常態化する社会のなかでそれを行動で示すことは一層困難になっていた。多くの者は自分や家族の身を守るため、見て見ぬふりに徹したのである。そうしたなかで、なおユダヤ人に手を貸そうとすれば、一切人目につかず、他者に悟られない行動を取ることが不可欠になっていった。

**事件当日の「行動」**

では「水晶の夜」事件の当日、ユダヤ人を助けたドイツ人はどのような行動を取ったのか。いくつかの例を見てみよう。チューリンゲンに住む若いユダヤ人夫婦、エミール・ロートシルトと妻シャルロッテは、事件の夜、同じアパートの上階に住む一組のドイツ人夫婦の行動によって難を逃れている。

その日の夜、チューリンゲンには雨が降っていた。静かな晩だった。だがエミールとシャルロッテは寝付かれなかった。この日だけではない。日ごとに増大していくユダヤ人迫害への不安で、ふたりはずいぶん前から夜ぐっすり眠れなくなっていた。

「ガシャン！」

突然、ガラスの割れる音がした。続いて、暴徒化した民衆のわめき声がアパート中に響きわたった。大人数の靴音がすさまじい勢いで近づいてくる。ふたりはベッドのなかで身体をこわばらせた。そのとき、玄関ドアの外側で大きな声がした。

「ここを開けてくれ！」

緊張に震えながらシャルロッテがドアを開けると、そこに立っていたのは隣人のハンス・ヒュターだった。ヒュターはロートシルト夫妻を心配し、ふたりを守るためにやってきたのである。

「早く！　階段をあがってこっちにおいで！」

ヒュターは自分たちの部屋に来るよう夫妻に指示した。夫妻は裸足のまま無我夢中で階段を駆け上がり、ヒュターの部屋に飛び込んだ。次の瞬間、アパート入り口のドアが破壊され、暴徒が建物のなかになだれ込んできた。

「もう大丈夫だよ。ここは私の家だ。ここには誰も来ないからね」

ハンス・ヒュターは、自分も恐怖に顔を引きつらせながら、ロートシルト夫妻に声をかけた。

「いらっしゃい」

ハンスの妻リタがシャルロッテに優しく声をかけた。唇をぶるぶる震わせている夫とは対照的に、リタは冷静だった。リタはシャルロッテを寝室に匿うと、居間に戻って窓を開け放ち、アパートの外をうろついていた暴徒に向かって怒鳴った。

「ちょっと！　うるさいわよ。静かにしてちょうだい！」

そして、こんな嘘で堂々と暴徒を追い払った。

「そういえば、市長さんの息子があっちに行くのを見たわよ」

このことばを聞くと、暴徒は自分たちのリーダー格である市長の息子のあとを追ってどこかに行ってしまった。

また、このような例もある。ベルリン市にあるユダヤ人経営の洋服販売会社フォレル社では、ドイツ人従業員たちが協力し合い、ユダヤ人従業員と会社を守った。事件の当日、彼らはユダヤ人従業員をいつもより早く帰宅させ、会社の出入り口を封鎖したのである。夜になって親衛隊が姿を現すと、ドイツ人従業員たちは自分たちの職場を壊すなと訴えた。結局、親衛隊は社内でユダヤ人を発見することも建物を破壊することもできず、諦めて立ち去った。

事件の当日、ユダヤ人をかばった人びとは他にもいた。ベルリンに住むある老夫婦は何人ものユダヤ人を狭い自宅に匿い、貧しい生活にもかかわらず彼らに食べ物を提供した。夫婦が匿った人びとのなかには、かつて自分たちの息子が専属運転手を務めていた富裕なユダヤ人もいた。また、ユダヤ人女性を暴漢から守るため、彼女たちの自宅を一晩中見張った郵便局員もいた。いくつかの村では、事件のあとしばらくの間、近所の村人たちがユダヤ人の家の玄関の外にこっそり食べ物を届けた。

### 財産没収と国外追放

ユダヤ人女性ルート・アブラハムは、「水晶の夜」事件の衝撃をのちにこう振り返っている。

一九三八年十一月九日、ドイツでの生活は一変した。（中略）突然電話が鳴った。義兄のフリッツからだった。彼は必死な声でこう言ったのだ。「ルート、ベルリンが燃えている。ファザネン通りのシナゴーグも燃えている」。テロリズムは私たちのすぐ身近に迫っていたのだ。

（ソコロウ／ソコロウ　前掲書）

フリッツはルートに、「危険だから絶対に家から出ないように」と忠告すると電話を切った。だがルートは思った。この恐ろしく、衝撃的な事実を自分の目で確かめなくてはいけない。彼女は外套を羽織ると、ファザネン通りへと向かった。シナゴーグを焼く炎が夜の空を明々と染め、煙が一面に立ち込めていた。激しい音を立ててステンドグラスが砕けていく。ユダヤ人にとって神聖であった祈禱書や律法の巻物が通りに投げだされ、ゴミのように焼かれていく光景をルートは茫然と見つめた。

翌朝、ルートに一本の電話がかかってきた。後に夫となるユダヤ人男性ヴァルター・アブラハムからだった。

「ヴァルター・アブラハムです。私のことを覚えていらっしゃいますか?」

覚えているどころではない。昨晩、ルートは一晩中彼の身を案じていたのだった。ルートがヴァルターと初めて会ったのは二か月前だった。姉エディットの紹介で知り合った三十二歳のヴァルターは、父親が経営する会社の家具販売部門で働いていた。このときルートの目に映ったヴァルターは実業家の息子として自信に溢れ、楽観主義者で、サッカーの得意なスポーツマンだった。だがこの日、電話の向こうから聞こえてきたのは、別人のように弱々しく、狼狽しきった声だった。

会社の外ではまだ突撃隊や親衛隊が見張っていた。ヴァルターは逮捕されるのではないかと怯え、ルートに助けを求めて連絡してきたのだった。ルートはすぐに自宅を飛び出し、地下鉄に乗って彼のもとに向かった。昨日までアブラハム家の会社だった建物は完全に破壊されていた。商品のテーブルは粉々に壊され、ソファも照明器具も床に転がっていた。ルートが行ってみると、ヴァルターはその散乱した家具の陰に隠れてうずくまっていた。

打ちひしがれたヴァルターは、ショックのあまり自力で立ち上がることすらできなかった。私はまるで小さい子どもにするようにヴァルターの手を引き、その場から彼を連れ出した。

（ソコロウ／ソコロウ　前掲書）

「水晶の夜」事件は、ナチス・ドイツのユダヤ人政策が差別から迫害の段階へと移行したことを決定づけた。この事件は「アウシュヴィッツへの道を舗装することになった」といわれている。

事件による徹底的な破壊と略奪は、ユダヤ人を絶望に追いやった。しかもこれは事の始まりに過ぎなかった。事件から三日後の十一月十二日、空軍総司令官ヘルマン・ゲーリングの召集で事件を処理する会議が開催され、以下の事項を通じてユダヤ人をドイツの社会生活や経済生活から完全に排除することが決議される。

第一は、課徴金の取り立てと損壊物の修復の義務づけである。よく知られているように、ナチスにとって「水晶の夜」事件は、パリのドイツ大使館で起こったユダヤ人による大使館員殺害事件への報復という大義があった。会議では報復にくわえ、ドイツの深刻な財政危機にも考慮して、ユダヤ人に十億マルクの課徴金を課すことが決定された。さらに、「道路の再建に関する命令」

を通じ、事件による「損害」の修復がユダヤ人に義務づけられた。その費用は全額ユダヤ人の負担とされ、保険会社からの損害保険金も国家に没収される。この結果、国庫に十一億二千七百マルクの収入をもたらす一方で、多数のユダヤ人を極貧状態に陥れた。

第二は、ドイツ経済の「アーリア化」である。ユダヤ系企業は接収され、ユダヤ人は小売・輸出・手工業も禁止された。ユダヤ人所有の株はドイツ人への譲渡が原則となる。第三は、ユダヤ人の明確な隔離である。公的施設へのユダヤ人の立ち入りは禁じられ、列車には「ユダヤ人コンパートメント」が設けられた。

こうした一連の施策を通じて最終的に到達すべき目標は、ドイツからのユダヤ人の出国であり、会議でもそう確認された。さらに言えば、ユダヤ人から略奪した資産を財源に翌年に迫った戦争の準備をする狙いがあった。

## 亡命先を求めて

かくして、ナチスは本腰を入れてユダヤ人の国外追放に乗り出した。一九三九年一月二十四日には、ベルリンにユダヤ人出国全国センターが設けられ、保安警察長官のラインハルト・ハイドリヒが本部長を兼務した。三月には、新たにドイツが保護領として獲得した旧チェコスロバキアの都市プラハにも同様のセンターが設置される。さらに七月には「ドイツ帝国ユダヤ人連合」が設立され、すべてのユダヤ人が強制加入させられた。この目的もまた、国外移住の促進にあった。

その一方で、財産の没収も熾烈を極めた。すでに接収していた企業や商店、株券に加えて、一九三九年二月二十一日にはユダヤ人所有の金や貴金属の押収を求める命令が出された。これについて、ルートは次のように振り返っている。

一九三九年二月、ユダヤ人は宝石、装身具、美術工芸品、金貨といった貴重品を公営の質屋にもっていかなければならなくなった。国家に売り渡すためだ。私の父は穏やかで、人付き合いのよい人間だったから、あらゆる命令に忠実に従おうとした。父はすっかり怯えていた。私は両親を手伝い、貴重品リストを作成した。

（ソコロウ／ソコロウ　前掲書）

それまで、一抹の期待をもちながらドイツにとどまってきたユダヤ人たちも、ここに至ってついに祖国に対する幻想を捨てた。彼らは先を争って国外に逃れようとした。
ナチス政権の成立以来、資産のあるユダヤ人たちは次々にドイツを離れ、新たな生活を求めて国外に移住するようになっていた。序章でも述べたように、政府は法外な出国税を課し、身ぐるみをはいで彼らを追い出した。ドイツ人のなかには、救援グループ「エミールおじさん」のフリードリヒたちのように、国外旅行を装ってユダヤ人から預かった宝飾品や現金などを国外にもち出し、彼らが新たな土地で困窮しないよう手助けする者もいた。
だが、ナチスがもくろんだユダヤ人の国外追放は、自分たちをも自縄自縛に追い込んだ。歴史家ウルリヒ・ヘルベルトによれば、ユダヤ人が他国から受け入れられるためには十分な資金が必要であった。にもかかわらずドイツ当局は、ユダヤ人の財産没収を強化したため、国外移住は停滞を来すようになったという。

多くのユダヤ人にとっては、時すでに遅かった。外国への移住の可能性は、ますます少なくなっていったからである。諸外国は、しだいに門戸を閉じ、高額の保証金や、保証人として公民である一親等の親族を要求するなど、とうてい満たすことのできない条件を課してきた。いったい、どのくらいのユダヤ人たちが、まだ自由になる金や、保証人になれる親族を国外に持っていただろうか。

（ドイッチュクローン　前掲書）

ユダヤ人たちは、わずかな亡命のチャンスに必死で縋りつこうとしたが、そのわずかなチャンスさえ、誰にでも与えられているわけではなかった。

たとえば、前述のインゲ・ドイチュクロンの父でギムナジウムの教師だったマルティンは、イギリスに住む従兄弟の伝手《つて》を頼り、同国に逃れることができた。だが、母エラとインゲはドイツにとり残された。入国に必要な保証金をひとり分しか用意できなかったからである。

一方、ルート・アブラハムは言う。

まだお金をもっていたり、親類がいたりする人たち（その多くは若者たちだった）は、死に物狂いで出国ビザを手に入れようとした。一方で、私の両親のような高齢者たちは、国外移住をほとんど諦めていた。

（ソコロウ／ソコロウ　前掲書）

それでもルートの母は、一抹の期待を込めてアメリカにいる従兄弟に手紙を送り、自分たちを受け入れるための保証人になってほしいと訴えた。しかし、従兄弟からは何の返信もなかった。

実際ユダヤ人のなかには、一足先に国外移住していた家族や親類を頼り、ビザを手に入れようと苦闘する者もいたが、その努力は徒労に終わる場合も多かった。すでにドイツを離れ、異国で暮らす人びとにとって、ドイツのユダヤ人たちがいかに深刻な状況に陥っているかを正確に理解するのは困難だったし、たとえ理解できたとしても、彼らは自分たちが生きていくだけで精一杯だった。

ユダヤ人を相手にする、闇でのビザの売り買いも頻発した。一九三八年から三九年にかけて、万策つきたユダヤ人を相手に、外国への入国許可を得られると持ちかけ、多額の謝礼金を要求する「ビジネス」が横行したのである。費用は平均で一万五千マルクから最高額では二万二千マルクにまで達した。この事実は、ユダヤ人の国外移住がいかに困難になっていたかを如実に物語っている。

それでも、一九三八年から三九年にかけて、さらに十二万人のユダヤ人がドイツを離れた。そうした中で、国外に逃れる彼らのために力を貸すドイツ人もいた。

たとえば、七十五歳の独身女性ルイーゼ・フェルシェは、長年フランクフルトのユダヤ人家庭で家庭教師を務めていた。「水晶の夜」事件の後、かつての雇用主だった一家が亡命を決意すると、フェルシェは一家の支えになりたいと考え、彼らと行動を共にした。フェルシェはユダヤ人に対するドイツの仕打ちを恥じ、自分がドイツ人であることが恥ずかしいと友人に語っている。

また、亡命に際して要求される出国税や、現地での生活費を工面してやる者もいた。デュッセルドルフで製鉄所の支配人をしていたペーンスゲンは、ユダヤ人たちが亡命に必要な資金を確保できるよう、惜しみなく財産を提供した。

出国審査に関わる役人のなかにも、ユダヤ人の味方として行動する者がいた。たとえばユダヤ人クラウス・レスケは、出国審査の際に旅券の不備を指摘された。だが、担当官は不備に目をつぶり、レスケをそのまま出国させてくれた。レスケは一九三九年一月、イタリアを経由して無事に上海《シャンハイ》に逃れている。

## 強制労働、第二次世界大戦

このように、ドイツを離れられる可能性のあるユダヤ人たちは、必死でその手段を手繰り寄せ、国外へと去っていった。

一方、ドイツに残された人びとを次に待っていたのは、過酷な労働だった。ナチスは、命からがら国外に逃れようとする者たちからは財産を、その手段さえなく国内にとどまる者からは徹底的に労働力を搾取したのである。

一九三九年三月四日、ナチスは「ユダヤ人雇用に関する法」においてユダヤ人の強制労働を規定した。ベルリンでは同年五月以降、十八歳から五十五歳までの全ユダヤ人男性（女性の場合は十八歳から五十歳まで）に対し、労働管理局への登録が義務づけられた。もっとも、すでに職業を奪われ、財産も根こそぎ奪われたユダヤ人にとっては、許された仕事につくほか生きる道はなかった。

一九三九年九月に第二次世界大戦が勃発すると、労働力不足が深刻化し、一九四一年三月には対象年齢は十五歳から六十五歳にまで拡大された。ルートは言う。「賃金は笑ってしまうほどわずかな額で、週にだいたい十二マルク、おまけにそこから高額の税を引かれた。それでも人びとは、少なくとも仕事があることに希望をもった。自分たちは必要とされている。だから生かしておいてもらえるのではないかという希望だった」。

労働の種類は各種工場での作業からゴミの収集、列車内のトイレ清掃、冬季の雪かき作業など多岐にわたったが、医師や法律家、作家、学者などかつて知的な職業に就いていた者ほど「汚れた」仕事に従事させられたという。

その強制労働先にも、ユダヤ人に手を貸す少数の人びとはいた。

たとえば、旋盤工のヴィルヘルム・デーネは、ベルリン市の工場でユダヤ人強制労働者を担当する職場監督を務めていた。彼はユダヤ人従業員のために工場内に救援グループを立ち上げる。メンバーには工場長、監督官、従業員食堂の料理長から工場の専属医、看護師まで加わった。彼らは、工場に送り込まれてきたユダヤ人に食料を提供し、過酷な重労働で身体を壊すことのないように気を配った。

ベルリンで「盲人作業所（Blindenwerkstatt：ナチス時代の用語）」を経営するオットー・ヴァイトは視覚障害者だった。「盲人作業所」とは視覚障害者を従業員として雇い、手作業で箒やブラシを製造する工房のことである。安楽死政策などで知られるように、ナチス・ドイツではユダヤ人だけでなく、障害者もまた排斥や殺害の対象とみなされた。ヴァイトは「ユダヤ人であり、しかも障害者である」という、まさに二重の意味で被迫害者に位置づけられた人びとを守るため、多数のユダヤ人障害者を自身の作業所で「雇い」、飢えや弾圧から彼らを保護した（ヴァイトについては、拙著『ナチスに抗った障害者』を参照されたい）。

## 3　生きることを選んだ人びと

### 運命に身をゆだねることを拒む

このように見てくれれば、潜伏ユダヤ人に手を貸した人びとの行為は、収容所移送の激化によって初めて生まれたわけではなく、むしろナチス政権の成立直後から一貫して存在した行動の延長線上にあったことがわかる。もっとも、はじめの頃は「救援」というよりは、むしろ「親切」や「手助け」と呼ぶほうがふさわしいものであった。しかしその後、ユダヤ人政策が苛烈を極め、彼らが自力で生きることが困難になっていくにつれ、救援者たちの行動はユダヤ人の命を支える最後の拠り所となっていくのである。

収容所への強制移送が始まると、ユダヤ人を守ろうとする行為は、それ以前の「親切」や「手助け」とはふたつの点で決定的に違うものとなった。

第一は、救援の相手が「迫害を受けながらも、現にドイツ社会に存在している人間」から、「表向きはもはやドイツに存在しないはずの人間」に変わったことである。「ユダヤ人を匿う」とは「その人物を表社会から完全に消し去る」行為であった。つまり、命ある生身の人間をいかに隠し、ゲシュタポや世間の目を欺き続けるかが、救援活動最大の課題となった。

第二は戦争の激化である。一九三九年九月一日に始まった第二次世界大戦は、時間の経過とともにドイツを不利な状況へと追い込んでいった。ドイツ本土への空襲は、初期には軍需産業の拠点などが標的となったが、戦局の悪化に伴い、次第に一般市民が暮らす住宅地も爆撃にさらされるようになっていった。

ドイツでは戦後も長く、「加害者ナチス・ドイツの烙印を背負いながら、自らの被害に言及するのはふさわしくない」という考えから自国の戦争被害をつぶさに語ることがタブー視されてきた。だが現実には、第二次世界大戦中に連合軍がドイツ全土に加えた空爆はのべ四百回に達し、空襲による死者の数は大戦末期だけで六十万を数えた。ホロコーストの犠牲になったドイツ在住のユダヤ人は十六万人といわれるが、その四倍近いドイツ人が、空襲の犠牲になっていたのである。他者を救うどころではなく、自分が生き延びるだけで精一杯の状況に追い込まれていくなかで、救援者たちは恐怖をいだきながらも爆弾の雨を避け、救援活動を続けなければならなかったことになる。

加えて、人びとはほとんど誰もがかけがえのない人間を戦地に送り出していた。夫、父親、息子、兄弟、幼馴染の友人、恋人。たとえナチスの政策に賛同できなくとも、自分の大切な人間が国家のために戦場で命を賭けているとき、国の方針に背く行動を取ることには大きな躊躇《ためら》いが付きまとったであろう。

ユダヤ人に手を貸す人びとは、こうした状況の中で、自らの命をも危険にさらしながら行動することになる。ユダヤ人狩りが激化するドイツで、生き延びようとするユダヤ人と彼らを助ける人びとは、さまざまな形で出会った。彼らの存在なしに、潜伏者たちが生き延びることはあり得なかった。

しかしその前に、潜伏者と救援者が出会うには、まずはユダヤ人たち自身が潜伏者となることを「選んだ」過程があることを忘れてはならない。彼らの大多数は決して「たまたま」潜伏者となったわけではなかった。彼らは収容所収監の命令を拒否し、地下に潜って生き延びることを自ら決めたのである。この点において、序章に登場した若きユダヤ人音楽家コンラート・ラッテのことばは極めて象徴的である。ラッテは周囲の人びとが次々に収容所に送られていく様子を見て思った——「たいていの人は、なされるがまま、運命に身をゆだねてしまっているが、僕には理解できない。何とか脱出の道を探すべきだ」。

すでに述べたように、ドイツでは、一万人とも一万二千人ともいわれるユダヤ人たちが、ラッテと同様「運命に身をゆだねる」ことを拒み、生きる道を探した。彼らは生きるためにどう行動したのか。ベルリンに住んでいた三組のユダヤ人を例に見ていくことにしよう。

## 絶対に収容所には行かない――ルート・アブラハム夫妻

「水晶の夜」事件から二か月後の一九三九年一月十五日、ルートとヴァルター・アブラハムはベルリン市内の小さなシナゴーグで結婚式を挙げた。市内のほとんどのシナゴーグは「水晶の夜」事件で破壊されていたが、このシナゴーグはたまたま住宅が密集する地域の一画にあったため難を逃れたのだった。結婚を見届けてくれるラビ（ユダヤ教の指導者）を見つけるのも一苦労だった。ほとんどのラビは事件の後、逮捕され強制収容所に送られていたからである。それでもなんとか、ごく最近収容所から釈放されたばかりだというラビを見つけることができた。

多くの若い女性がそうであるように、ルートも自分の結婚式を長い間夢見てきた。純白の婚礼衣装を身にまとい、両親や親戚、大勢の友人たちに祝福され、美しい花に囲まれて婚礼の音楽が響くなかで式を挙げる。だが、ユダヤ人迫害が深刻化するさなかに迎えた現実の婚礼は、平和な時代に夢見た光景とはかけ離れていた。それでもルートは白い夏物のワンピースに花束をもち、両家の家族に見守られながら花嫁になった。ヴァルターがユダヤ教の婚礼様式に従ってガラス製のグラスを足で踏みつぶすと、参列者は口々におめでとう、お幸せにとヘブライ語で祝福のことばをかけた。

ふたりの婚礼は、刻々と緊迫していく状況のなかで、それでもユダヤ人たちの日常にはつかの間の安らぎや喜びがあったことを物語る。一九四一年十月、ベルリンで最初の強制移送が行われたときでさえ、ルートたちは、恐怖におびえながらも毎年この時期に行われるユダヤ教の伝統的行事「仮庵の祭り」を親族で祝った。

戦争が始まって二年が過ぎ、立派な祝宴の料理など到底用意できなくなっていた。あるのは、じゃがいも、パン、そしてヌードルだけ。でもそんなことは問題ではない。大切なのは、こうして私たち家族が一緒にいられることなのだ。

（ソコロウ／ソコロウ　前掲書）

だが、そもそもルートとヴァルターはなぜ、もっと早い時期に国外に逃れることをしなかったのか。実はふたりには共通点があった。それは、ドイツを離れられない両親に寄り添うため、国外移住のチャンスを自ら手放していたことだった。とくにヴァルターの場合、一九三六年から二年がかりで移住の準備を計画的に進め、必要な資金や現地での保証人に加え、出国に必要な書類も用意していた。だが息子が遠くに行こうとしていることを知った父ユリウスは、お前がアメリカに行くなら自殺するぞと息子に迫ったのである。親思いのヴァルターは結局父に逆らえず、移住を断念した。

ベルリンで強制移送が始まったとき、夫婦はひとつの誓いを立てた。何があっても絶対に収容所には行かない。移送命令が来たら、そのときには地下に潜り、「不法」ユダヤ人となって生き延びよう。ふたりは来る日に備えて準備を始めた。生活に必要な資金を確保することと、力を貸してもらえるかもしれない友人・知人をひとりでも多く思い出し、連絡先リストを作成しておくことであった。

やがて来る潜伏生活に備える一方で、ルートは妊娠を望んでいた。過酷な運命にさらされているからこそ、新しい命の誕生は、自分たちに生きる希望を与えてくれるたったひとつのものに思われた。もっとも、夫ヴァルターは当初子どもをもつことには反対だった。小さい子どもの存在は、どのように考えても潜伏生活の足枷となる。それにもし親である自分たちが死んでしまった場合、赤ん坊はどうなるのか。

夫婦は悩み、考え続けた。そして一九四二年の春、ルートはついに待望の子どもを身ごもった。妊娠が判明して間もなく、ルートは突然出血した。診察した八十四歳のユダヤ人医師は、無事に出産したいのなら最低でも六週間は安静が必要だと告げた。

ルートの世話を買って出たのは彼女の両親だった。ふたりは孫が生まれてくることを心から楽しみにし、かいがいしく娘の世話をした。

一九四二年七月、その両親にゲシュタポから通知が届いた。二週間後の移送を告げる文面だった。移送の先に待つ運命について、両親は一切の幻想をもたなかった。母は言った。終わりのない恐怖にさらされ続けるよりは、いっそ恐ろしい結末を迎えるほうがましだと。

二週間後のその日、ルートは両親のアパートを訪れた。突然、玄関の扉を乱暴に叩く音がした。ゲシュタポだった。

「手を上げろ！」。ルートは怯える両親を抱き寄せた。

追い立てられて外に出ると、家の前に空のトラックが停まっていた。すぐ脇に、銃を構えた監視役と警察犬がいるのが目に入った。ルートは両親と一緒にトラックの荷台に乗り込んだ。三人は抱き合い、泣き、そして祈りを捧げた。

ゲシュタポがルートを怒鳴りつけた。降りろ、さもないとお前も一緒に連れていくぞ。一瞬、このまま両親と運命を共にしたいという思いがルートの頭をよぎった。だが、トラックが走り出した瞬間、ルートは荷台から飛び降りた。

## 「駅にコートを置き忘れた!」――フリッツ・ヴァルター

三十六歳のフリッツ・ヴァルターは一九四一年、設立されたばかりのマイダネク(ルブリン収容所)に送られた。マイダネクはアウシュヴィッツと同様に強制収容所と絶滅収容所の機能を併せもつ広大な収容所である。家族はすでに収容所に移送されていた。

それでもフリッツは諦めなかった。移送後まもなく、看守の隙をついて収容所を脱走し、最寄りの鉄道駅にたどり着いた。彼は迷わずそこからベルリンへ向かう列車に飛び乗った。そして列車が動き出したことを確認するやいなや、狼狽しきった様子を装い、大声で車掌に向かってこう訴えたのである。大変だ、さっき乗車した駅の構内にコートを置き忘れてきてしまった。乗車券も身分証明書も現金の入った財布も、全部そのコートのポケットの中だ。俺はいったいどうしたらいいんだ。すっかりフリッツのことばを信用した車掌は、次の駅に到着したらすぐにさっきの駅に電話をかけ、コートを確保しておくように指示してやるから大丈夫だ、安心しろと言って慰めた。だがもちろん、コートが発見されるはずはなかった。こうしてフリッツは、無賃乗車を咎められることも身分証明書の提示を要求されることもなく、堂々と列車の旅を続け、無事にベルリンに戻ったのである。

## 子もち女性との結婚――ダゴベルト・レヴィン

十八歳のダゴベルト・レヴィンは一九四二年三月、両親とともに集合収容所《ザンメルラガー》に連行された。集合収容所とは、それまで地域で生活していたユダヤ人を一か所に集め、ひとまとめにして移送先に送りこむための最終準備と手続きの場である。ユダヤ人たちはここで一晩か二晩を過ごした後、貨物列車に積み込まれてアウシュヴィッツや東方占領地域のリガ（現ラトビア領）などの収容所に送られた。

「苗字のアルファベットがAからDまでの者は階段の前に並べ！」

スピーカー越しに命令の声が響いた。集められたユダヤ人たちは、戸惑いながら互いの氏名を確認し合い、従順に列を作った。

「貴重品をもっている者は、こちらに引き渡せ」

命令が続いた。これから現地に着くまで、それらはお前たちには必要のないものだ。こちらで預かっておく。「移住先」に着いたら返してやると彼らは説明した。

人びとは次々に貴重品を取り出した。財布、宝飾品、毛皮。ゲシュタポは警戒心をもたせないよう、おどけたそぶりでそれらを無造作にカバンに突っ込んでいった。だが、ダゴベルトは疑問を感じた。どの品が誰のものか、メモも取らなければラベルもつけずに、彼らはただカバンに放り込んでいく。本当に返すつもりがあるのだろうか。疑念が湧き上がってきた。これから自分たちはどこに連れていかれるのか。もしかして、もはや貴重品など必要のない運命が待ち受けているのではないか。

ダゴベルトがなおも見ていると、ゲシュタポと親衛隊は列のなかから若者だけを選び出しては、次々に親から引き離していった。抵抗する者は容赦なく銃で脅した。離れたくないと泣き叫ぶ家族の声が収容所中に響き渡った。

ダゴベルトの番が来た。

「お前はダゴベルト・レヴィンだな?」「はい」「お前は健康だな?」。ゲシュタポは命令口調で念を押した。「はい」。ダゴベルトは混乱した。なぜこんなことを聞くのか。

「お前は、金属加工の職場で修業していたのだな?」。ゲシュタポは、ダゴベルトの経歴も把握済みだった。「そうです。機械の組み立てをやっていました」。

「それなら、お前はあっちだ」

ゲシュタポは両親とは違う方向を指さした。

「ダゴ! ダゴ!」

張り裂けるような母の声が耳に響いた。父は連れ去られる最後の瞬間まで、絶望的な眼差しでダゴベルトを見つめ続けていた。

戦時の労働力としてまだ利用価値があるとみなされたダゴベルトは、ひとまず収容所移送を免れ、強制労働者として街なかの軍需工場に送り込まれた。両親を失い、たったひとりになった彼は、生き抜く術《すべ》を急速に身に着けていった。さしあたり重要だったのは、現金を手に入れ、空腹を満たすことだった。当時、ユダヤ人に許された食料の配給量はドイツ人の半分以下だった。不足を補おうとすれば、高い金と引き換えに闇で手に入れるしかない。彼は同じ工場で働くレブレヒトというユダヤ人兄弟と手を組み、工場から部品を盗み出すことを思いついた。彼らは夜、操業時間が終わったあとの工場に忍び込み、壊れて使われなくなった機械からモーターを取り出し、知人にもちかけてひそかに売りさばいた。モーターは良い値で売れた。

両親の移送から九か月が経過した頃、ダゴベルトはユダヤ人病院で看護師をしていたイルゼ・ペールという女性と知り合った。二十一歳のイルゼには、未婚のまま産んだクラウスという五歳の息子がいた。

ある日、イルゼは必死の眼差しでダゴベルトに迫った。「ダゴ、結婚してちょうだい」。ダゴベルトは面食らった。結婚どころか、ふたりはまだ恋人同士でさえなかった。イルゼは言った。子どものいる独身の看護師は近々移送リストに載せられるらしい。それに片親の子どもも移送されると聞いた。自分と息子を助けてくれとイルゼは訴えた。もしダゴベルトが結婚してくれれば、イルゼも息子も当面移送を逃れられる。

「お願い、ダゴ。どうか私を助けて。クラウスと私を救って」

なおも躊躇しているとイルゼは言った。結婚はダゴベルト自身を救うことにもなると。今のところ、あんたは軍需工場にいるから移送を逃れているけど、ナチスはいずれユダヤ人全員を収容所送りにするに違いない。そのとき、真っ先に移送されるのは、あんたみたいな独り者よ。

ダゴベルトは思った。きっとイルゼの言うとおりなのだろう、と。翌日、ダゴベルトは十九歳で結婚し、五歳の子どもの父親になったのである。

## 4　救援者との出会い

これら三つの事例は、ユダヤ人たちが強靱な意志をもって潜伏生活を選択した事実を示している。その後、彼らはどのようにして手を貸してくれる人びとと出会ったのか。おなじ三組のユダヤ人を例に見て行こう。

### あなたを助けたい――ルート・アブラハムとマリア・ニッケル

「あなたを助けたいの。心配しないで。どうかあなたの手伝いをさせてちょうだい」

見知らぬその女性は、ある日突然ルートの目の前に現れた。一九四二年十一月。ルートは妊娠七か月を迎えていた。その頃ルートは、身重の身体で来る日も来る日も市電で強制労働先の工場に通っていた。工場に着いてカバンを開けてみると、時折リンゴやパンが入っていることがあった。コートの胸にダビデの星（ユダヤ人であることを示す黄色い星）を付けたルートを見て、こっそり誰かが忍ばせてくれたのだ。この頃になると、こんなささやかな行為でさえ、大きな危険を伴うものになっていた。

それでもルートにとって幸運だったのは、強制労働先の工場長がユダヤ人の味方だったことである。シュタルケという名のその工場長は、ユダヤ人従業員たちをナチスの手から守ると約束してくれていた。

ある日の夕方、いつものように疲れ切って工場から出てきたとき、ルートは誰かに見張られている気配を感じた。周囲を見渡したが、誰もいない。だが、確実に誰かいると直感した。過酷な日常のなかで、ユダヤ人は皆人間の気配に敏感になっていた。

その気配は次の日も、また次の日も続いた。

数日後、とうとうひとりの人物が目の前に現れた。質素な身なりをした、自分と同年齢くらいと思われる女性だった。健康そうな体つきで、穏やかな優しい顔立ちをしていた。

「私、あなたを助けたいの。どうか心配しないで」と彼女は言った。

「私について来ないで！　放っておいてちょうだい！」

ルートは踵《きびす》を返すと、逃げるようにして立ち去った。だが、女性は翌日もまたルートの前に現れた。これが、ルート・アブラハムとマリア・ニッケルの出会いだった。マリアを警戒したルートは彼女の申し出を拒絶した。見ず知らずのドイツ人が突然現れ、自分を助けたいなどと言う。どう考えても信じられるはずはなかった。

だがマリアは諦めなかった。数日経ったある日、今度は勤務先の工場に現れた。工場長に呼び出されてルートが事務室に行くと、そこにマリアが立っていた。

「受け取ってちょうだい」

マリアはルートに籠を差し出した。なかを覗くと小麦粉、マーガリン、粉ミルク、じゃがいも、米などの食料が入っていた。マリアの一家に支給されたクリスマス用の特別な配給物資だという。マリアは言った。お腹に赤ちゃんのいるあなたが、食べるものもなく苦しんでいるときに、クリスマスを祝うことなどできない。ルートはマリアのことばに真実を感じとった。

それでも完全に警戒心を解くことはできなかった。ルートから話を聞いた夫ヴァルターも、「馬鹿げた話だ」と一蹴した。

それから間もなく、凍るように寒い日のことだった。ルートとヴァルターが自宅にいると、玄関の扉を叩く音がした。二人の間に緊張が走った。ゲシュタポか。それともアパートの管理人が、「管理」を口実に内偵に来たのか。

恐る恐る扉を開けると、マリアが花をもって立っていた。ルートはことばを失った。このときの心境を、ルートはのちにこう語っている。「あの頃、人々はいつ爆撃にさらされるかわからない不安におびえていた。それなのに、そんな状況のなかで、マリアはたった一言『あなたを助けたい』と伝えるためだけに、身の危険も凍てつく寒さも顧みず私たちのところに来てくれたのだ。想像さえしていなかった彼女のその行動が、今度こそはっきりと私たちの心をつき動かした」。

ルートとヴァルターは無言で互いの目を見つめ合った。ふたりは思った。自分たちのもとに天使が来てくれたのだと。

こうしてふたりは、マリアに自分たちの運命を委ねる決心をしたのである。

## 娼館の女主人と売春宿のおかあちゃん――フリッツ・ヴァルターと救援女性たち

収容所から脱走し、「コートを置き忘れた」と訴えて無賃乗車でベルリンに戻ったフリッツ・ヴァルターは、シャルロッテ・エルクスレーベンという三十代のドイツ人女性と知り合った。エルクスレーベンはベルリンの出身ではなかったが、一九三九年、母親が遺してくれた遺産を元手にベルリン市内に由緒ある二階建ての洋館を手に入れ、そこに移り住んでいた。彼女は六部屋あるこの洋館で女性を雇い、高級娼館を経営していた。エルクスレーベンとフリッツが知り合った経緯は不明だが、フリッツはエルクスレーベンに匿われ、娼館で暮らすことになった。

だが、フリッツが彼女のもとに行ってみると、驚いたことにそこにはすでに他にもユダヤ人男性がいた。ハンブルク出身で四十一歳のその男性は、レオンハルト・フランケンタールといった。フランケンタールはエルクスレーベンが娼館を始めた頃からの「お気に入りの」男だった。フランケンタールは着るものや食べるものなど、一切の面倒をエルクスレーベンに見てもらっていた。徴兵制が敷かれ、適齢の男性は皆召集され戦地に行っていた当時のドイツで、男性が怪しまれずに潜伏生活を送ることは女性よりもさらに困難だった。複数の男が絶えず出入りする娼館は、男性のユダヤ人が怪しまれずに隠れる場所としてうってつけだったのだ。

こうしてフリッツは、エルクスレーベンの娼館で暮らすようになった。一九四三年のはじめ、フリッツは友人を通じて若いユダヤ人シングルマザーと知り合った。シュテッフィ・ロナウ＝ヒンツェルマンというその女性は、かつて舞台女優であった。夫は一年前に心筋梗塞で他界したという。彼女は一歳になったばかりの娘をかかえ、潜伏生活を送っていた。

だが、たったひとりで幼い娘を守りながら、身を隠す生活はあまりにも困難だった。美しいヒンツェルマンに心惹かれたフリッツは彼女に同情し、なんとか力になりたいと考えた。そこでエルクスレーベンに相談すると、ひとりの女性「同業者」を紹介してくれた。

その「同業者」は、ベルリンで小さな売春宿を営んでいた。かつては自分も娼婦だったその女性は、今では若い女性を雇い、自分の宿で働かせていた。皆から「おかあちゃん」と呼ばれていたその女性は、ヒンツェルマンが何者かを尋ねることもせずに、彼女と幼子を売春宿に住まわせてくれたのである。

### 善意か、契約か——ダゴベルト・レヴィンと「ブラウン博士」

十九歳にして突然夫となり、五歳の子どもの父親になったダゴベルト・レヴィンが出会った最初の救援者は、「ブラウン博士」と名乗る男だった。

ダゴベルトにブラウンを紹介したのは、同じ工場で働くハインリヒ・シュルツというドイツ人だった。シュルツは脚に障害があり、徴兵されない代わりにダゴベルトと同じ軍需工場で働いていたのだった。

シュルツはいい人間だった。ユダヤ人労働者と口をきいてはいけないという規則など無視して、ダゴベルトに親しく接してくれた。

一九四三年二月二十七日の早朝、ベルリン全市で、まだ移送を逃れていたユダヤ人を一網打尽にする作戦が決行された。その日の朝、何も知らずに出勤しようとしたダゴベルトに、今工場にゲシュタポが来ている、ユダヤ人労働者は片っ端から捕えられてトラックに押し込まれている、絶対に工場に行っては駄目だ、すぐに逃げろと教えてくれたのもシュルツだった。

シュルツのおかげで連行を逃れたダゴベルトは、それまでの住居に住み続けることは危険だと考えたが、どこにも行く当てがない。思いあぐねたダゴベルトは、シュルツならきっと自分たちを匿ってくれるに違いないと考えた。だが予想に反して、シュルツはダゴベルトの頼みを受け入れなかった。

「本当に申し訳ない。でも、それはできない」とシュルツは言った。自分の小さなアパートに、しかも近隣住民に一切悟られずに三人もの人間を匿うことなど不可能だ。それに何より、シュルツには妻と幼い娘がいた。家族を危険にさらすことはできないとシュルツは言った。

その代わりに、とシュルツが紹介してくれたのが、知人の「ブラウン博士」だった。相場よりも高い「家賃」を払うことで自宅アパートの一室に置いてもらえるよう、シュルツはブラウンと話をつけてくれた。

ブラウンの部屋は四階建てのアパートの最上階にあった。階段は狭く、剝き出しの電球が切れかかって点滅していた。どこかの部屋で食事の支度でもしているのだろう、得体のしれない食べ物の匂いが廊下に充満していた。

「路頭に迷うより、ましだ」。ダゴベルトは自分に言い聞かせ、こみ上げてくる不快感と不安を抑え込んだ。部屋の扉をノックすると、薄汚れたシャツを着た男が現れた。ズボンはしみだらけで、手には飲みかけのビール瓶をもっている。

「レヴィンさんだね」。男は言った。

「話はシュルツから聞いたよ。ここに置いてほしいそうだね」「はい」「金はもってきたんだろうな」。ブラウンは、ビールをなめながら言った。

「三百マルク、今すぐお支払いできます。それから月末にはさらに三百マルク、用意できます」。ダゴベルトは答えた。

「なんだって？　たった三百マルクだと？　シュルツからは、あんたが全財産もってくると聞いたんだが」。ブラウンは不満をあらわにした。

「今手元にあるのはこれだけなんです。でも、もっと手に入りますから」。ダゴベルトは食い下がった。本当はさらに五百マルク、手元にあった。だが、ここで全財産を巻き上げられてはたまらない。

「ふうん。正直言って、もっとたくさんもってくるもんだと思ってたよ。こっちは大変な危険を冒すことになるんでね。何しろユダヤ人を置いてやるんだから」。ブラウンはダゴベルトをじっと見据えた。

「ま、いいや。こっちは金が要るんでね。置いてやるよ。とにかく絶対に静かにしろよ。あんたらがここにいることを、誰かに嗅ぎつけられでもしたら大変だからな。それからおれは、目が覚めたとき、あんたらと顔を合わせるのはごめんだ。自分たちの部屋から出てくるんじゃねえぞ。おれは夜通し仕事して、昼間は寝るんだ。いいか。絶対にうるさくするなよ。さもねえとたたき出すからな」

こうしてダゴベルトたち一家とブラウンの「同居」が始まったのである。

これらの事例は、潜伏ユダヤ人と救援者が出会うきっかけがいかに多様であったかを示している。もちろん、これはほんの一部分にすぎない。潜伏者と救援者との人間関係はじつにさまざまだったし、救援者がユダヤ人のために取った行動も多岐にわたるものだった。

その後、潜伏ユダヤ人たちの実際の生活はどのようなものとなったのか。そして、救援者たちはいかに行動したのか。彼らはなぜ、ユダヤ人に助力したのか。次章では、ユダヤ人の潜伏生活と救援活動の実態について見ていくことにしたい。

# 第二章　もうひとつの世界　１９４１－１９４４①

## 1　ユダヤ人の「消えた」ドイツ

### 追放から殺戮へ

前章で述べたように、ユダヤ人に手を貸す人びとの行動は、一九三八年の「水晶の夜」事件、さらには一九四一年の強制移送開始を分岐点に大きく変わった。それはもはや友人・知人としての気遣いの延長ではなく、彼らの命を守るための活動となったのである。本章では、潜伏生活の実態とそれを支えた救援者たちの活動の詳細、さらには彼ら相互の人間関係に迫っていくが、そのためにまず、ユダヤ人の強制移送がいかにして行われるようになったのか、そしていかにして一九四三年六月に宣伝相ゲッベルスが「ベルリンからのユダヤ人一掃」を宣言するまでに至ったのか、その経緯を遡って確認しておきたい。

これまで見てきたとおり、反ユダヤ主義を党是とするナチスは、一九三三年の政権掌握以降、ユダヤ人迫害を次々に政策化していった。ナチスが目ざしたのは、ドイツ社会からのユダヤ人の放逐であり、当初政府は国外移住の推進によってこの問題を解決しようとしたが、諸外国はどこでもユダヤ難民の受け入れを渋った。

一方で、当のドイツは東方への戦線拡大によって現地にいる何百万ものユダヤ人を新たに抱え込むという自縄自縛に陥った。この問題を解決するため、ドイツがまず行ったのはユダヤ人の強制隔離であった。一九三九年九月、ポーランド侵攻によって第二次世界大戦を開始したドイツは、わずか一か月でポーランドを敗北させ、ソ連との秘密協定によって同国を分割すると、直後の十月八日、ピョトルクフ・トリブナルスキに最初のユダヤ人強制隔離居住区《ゲットー》を設立した。以後、ナチスは東欧の占領地域に次々にゲットーを建設していった。その数はポーランド一国だけでも四百か所に及んだ。

ゲットーの目的は、労働力の搾取と「緩慢な虐殺」であった。だが劣悪な環境のために飢餓と病が蔓延し、ゲットーが「貧乏な人びとでいっぱいになった見苦しいユダヤ人街」(ヒルバーグ『ヨーロッパ・ユダヤ人の絶滅』上巻)と化すにつれ、ゲットーはナチスの重荷となっていく。

こうした状況のなかで、ナチスがユダヤ人の大量殺戮に初めて手を染めたのは、一九四一年六月に侵攻したソ連においてであった。一九四一年末までに殺害された現地のユダヤ人は、五十万から八十万人を数えた。そのほとんどは射殺であったが、その後ガスによる大量殺戮に代わった。射殺は非効率であるうえに、眼前で人間が絶命する光景は執行者のトラウマともなったからである(芝健介『ホロコースト』)。

**強制移送の開始とユダヤ人組織の関与**

差別から迫害、搾取、追放へと進行してきたナチスのユダヤ人政策は、ソ連でのユダヤ人大量虐殺を通じてついに殲滅の段階にまで突き進んだ。

すでに一九四〇年には南ドイツから一万人のユダヤ人がフランスの収容所に移送されていたが

（ちなみに、本書に登場するルート・アブラハムの夫ヴァルターの両親も、この移送でフランスに送られている）、翌四一年九月にはドイツ在住のユダヤ人を東方占領地域に建設した収容所に移送する決定が下される。

強制移送の始まりについて、当時、ドイツ帝国ユダヤ人連合（以下、ユダヤ人連合）の教団職員だった法律家マルタ・モッセは一九四一年十月初頭、ユダヤ人連合の同僚やユダヤ教団職員とともにゲシュタポから突然電話で呼び出されたことを後に記している。

ゲシュタポは私たちに、ベルリン在住のユダヤ人の「移住」が始まると説明し、ユダヤ人連合とユダヤ教団はそれに協力せよと伝えてきた。（中略）協力とは、招集する数千人のユダヤ人を選び出すため教団が所有する課税台帳を利用すること、さらに、招集されたユダヤ人がゲシュタポ作成の調査票に必要事項を正しく記載できるよう手伝うことであった。

（マイヤー他編『ナチス期ベルリンのユダヤ人』）

ユダヤ人連合とユダヤ教団の代表者は、その日のうちに会合をもった。教団は「重い不安」を抱えながらも、「さらに悪いことが起こるのを防ぐため」、ナチスがいう「移住」計画への協力を決めた。

一九四一年十月十八日、ベルリンで最初のユダヤ人移送が実行された。かつてユダヤ人たちの魂の拠り所であったレフェツォフ通りのシナゴーグは、彼らが守り抜いてきた最後の財産を奪い、身ぐるみを剝いで収容所へと送り込む中継地点（集合収容所《ザンメルラガー》）に変貌した。一千人を超えるユダヤ人が一度に集められ、収容所行きの列車に乗せられた。

十九歳になっていたユダヤ人女性インゲ・ドイチュクロン（第一章参照）は、この最初の移送を目撃している。彼女と同じアパートで暮らしていた六十五歳の寡婦が移送の対象となったからである。

「私は連行されます」とホーエンシュタイン夫人は、とても冷静な声で言った。「詳しいことは何もわからないの。でも、できるだけ早く、お便りします」。男たちはホーエンシュタイン夫人を促してドアに向って歩いて行った。ドアの閉まる音が聞え、それからしばらく、反響する長靴の音と、夫人のかすかな小走りの足音が、階段の踊り場のあたりで聞えていた。

（ドイッチュクローン『黄色い星を背負って』〔一部改訳〕）

連行されたこの女性のことばからもわかるとおり、ナチスは強制移送に関する情報の一切をユダヤ人に対して秘密にした。移送への協力を強要された二つのユダヤ人団体には、この件をユダヤ人同胞に口外することのないよう厳しい緘口令が敷かれた。

もっともドイチュクロンは、ヘフターという名のユダヤ教団職員からベルリンで間もなくユダヤ人の大量移送が始まることを聞かされている。ヘフターは他言は厳しく禁じられていると前置きしながらも、これ以上黙っていることはできない、誰かに打ち明けずにはいられなかったと涙ながらに語ったという。ヘフターと同様に、親しいユダヤ人同胞に移送の開始を伝えた職員たちは、当然いただろう。そうした人びとを通じて、情報はさざ波のようにユダヤ人社会に広まっていったと思われる。

ルート・アブラハムの身内も最初の移送の犠牲となった。連行されたのは、ルートの叔父で独身のイジドールだった。その日イジドールは、シナゴーグでの礼拝のあとルートたちの自宅を訪ねることになっていた。だがいつまで待ってもイジドールは現れない。胸騒ぎを覚えたルートたちがシナゴーグに行ってみると、そこに人だかりができていた。「いったい何があったんです？」。そばにいた人に尋ねると、こう答えが返ってきた。「あんた、知らないのかい。最初の移送者たちが出発したんだよ」。以後、ルートたちがイジドールに会うことは二度となかった。

移送の噂は、ユダヤ人たちを恐怖のどん底に突き落とした。ノイマン姉弟の母ゲルトルートは極度の不安からたびたびパニックを起こし、ラルフはそのたびに母をなだめなければならなかった。ラルフがこんな状況が長く続くはずはないと言い聞かせると、母はようやく落ち着き、わずかに希望を取り戻すのだった。

移送への協力を強要された二つの団体の任務は、移送者名簿の作成協力にとどまらなかった。職員たちは集合収容所のスタッフとなり、ナチスの手先として収容所移送の準備を手伝わされることになったのである。一九四一年十月、ユダヤ教団副議長のフィリップ・コツォヴァーは、移送の「世話人」に選ばれた二百人ほどの職員を前に、「教団としては、われわれが関わることで移住するユダヤ教徒同胞たちの苦難を軽減できることを誇りに思う」と演説した。

ナチスの監視下で行われたこの演説の真意をうかがい知ることは難しい。二つの団体の職員もまた、「移送」の本当の目的を知らされていなかった。だが、これまでナチスが行ってきた数々のユダヤ人政策からみれば、ナチスが主張する「移住」を文字通りに受け止めた職員はいなかったろう。実際、ユダヤ教団の職員だったパオル・ショイレンベルクという男性は、当時こんな葛藤と自問を日記に綴っている。

ユダヤ人の「移住」が始まった。もっとも「移住」などということばは、このうえない皮肉だが。パオルよ、お前はいったいなんのためにナチスのつく嘘を守り続けるのか。本当のことを言え、ユダヤ人を絶滅させる作戦が始まったのだと。

（マイヤー他編　前掲書）

## 移送の進行

ゲシュタポにとって、移送をいかに効率的に進めるかは、ほとんどベルリンにかかっていた。なぜなら、ドイツに併合されたオーストリアの首都ウィーンを除けば、ドイツに居住するユダヤ人の多くは、大都市ベルリンに集中していたからである。

一九四一年十月からこの年の年末までに移送されたユダヤ人の数は、ベルリンだけで七千人を超えた。移送開始の直前、ベルリンにはドイツ全体の四十％にあたる七万三千人のユダヤ人がいたから、わずか二か月半で十人にひとりが消えたことになる。もっともこの状況は他の都市でも同様であった。一九四一年十月の時点で一万五千人のユダヤ人がいたフランクフルトでも、その一年後に残っていたのは千人足らずだった。

ベルリンに住む十七歳のユダヤ人女性ハンニ・ヴァイセンベルクの元には、移送が始まった一九四一年十月以降、次々に別れの手紙が届くようになった。差出人は、強制労働先の工場で出会ったユダヤ人の同僚たちだった。親しかった同僚のひとり、ザラ・ツィースキントは十七歳の誕生日を迎える十日前にウッチ（現ポーランド領）のゲットーに移送された。移送から一か月後の一九四一年十二月、そのザラからハンニにあてて一通のはがきが届いた。

| 都市名 | ユダヤ人居住者の人数（人） |
| --- | --- |
| ウィーン | 91,480 |
| ベルリン | 82,788 |
| フランクフルト | 14,461 |
| ブレスラウ | 11,172 |
| ハンブルク | 10,131 |

ドイツ国内でユダヤ人が１万人以上居住していた都市（1939年５月の国勢調査より）
（ヒルバーグ　前掲書上巻による）

大好きなハニー。いとしい友。私は今、涙にくれながらあなたを恋しく思っています。私は新しい住まいになったここリッツマンシュタット（注：ウッチのドイツ語名）ズルツフェルダー通りから最初の挨拶を送ります。私の母からあなた宛に何か便りがあったかしら？　私には便りが届かないの！　どうかお願い、母に私の住所を伝えてちょうだい。私にはお金が必要なの。きっとママがいくらか送ってくれるわ。昼も夜も、私はベルリンが恋しくてずっと泣き続けています。クッティ、ドラ、ベルニ、リロ、ホルスト、そして一緒に工場で働いていた皆にどうかよろしく伝えてね。すぐにお返事をちょうだいね。愛をこめて。あなたのザラより。

（レフィ『行動するしかない』）

過酷であったはずのベルリンでの生活や強制労働さえ懐かしいと訴えるザラのことばから、移送先で彼女が味わった絶望がどれほど深いものであったかが見てとれる。結局ハンニにとって、このはがきがザラの生存を知る最後の機会となった。ハンニ自身はその後地下に潜伏し、無事に生き延びて終戦を迎えたが、彼女は潜伏期間中もザラが生きた証としてこのはがきを大切に保管し続けた。

ユダヤ人のなかには、移送に際して人生最後の願いをゲシュタポに伝える者もいた。長年オペラ歌手として活躍してきた七十七歳のテレーゼ・ロートハウザーは、一九四二年八月に連行される際、やってきた二人のゲシュタポに、生涯を共にしたグランドピアノとの別れがしたいと乞うた。彼女はピアノの前に座り、ドイツ民謡「懐かしき故郷」を静かに歌いはじめた。ゲシュタポは帽子を取り、ピアノの脇に立って黙って歌声に耳を傾けた。ロートハウザーはテレジエンシュタット（現チェコ領）の収容所に移送され、そこで一九四三年四月に絶命した。

ノイマン姉弟の兄も移送された。姉弟には、末弟のラルフより十五歳年上のゲルハルトという兄がいた。子もちのユダヤ人女性と結婚していたゲルハルトは一九四二年十二月、妻子とともに収容所に送られ、死亡した。

## ドイツ人は知っていた

ドイツ人たちは次第に、ユダヤ人が強制労働先や自宅から連行され、列車に詰め込まれてどこかに送られる様子を街なかで目にするようになった。例えば、親衛隊ビーレフェルト支部の報告によると、一九四一年十二月十一日、ビーレフェルト市からユダヤ人がリガに移送される際には大勢の市民が見物にやってきたという。移送の件は一切秘密にされていたにもかかわらず、市民たちはどこからか噂を聞きつけて集まった。市民の多くは、移送によって町がユダヤ人の穢れた血から解放されることを歓迎し、ヒトラーに感謝したという。ある男性労働者は、この移送がもし五十年前に行われていたら、先の大戦も今の戦争も不要だったのにとさえ語っている（クルカ／イェッケル編『ユダヤ人に関するナチス秘密調査報告　一九三三―一九四五』）。

一方でこんな記録もある。典型的なナチスの信奉者だった一九一五年生まれのあるドイツ人女性は戦後五十年近く経ってからのインタビュー調査に答えて、当時、強制移送や収容所について自分は何も知らず、興味もなかったと主張したが、驚くことに強制移送や「水晶の夜」事件のような野蛮なユダヤ人迫害を指示したのはヒトラーではないと信じていた。彼女は、「水晶の夜」事件は労働者階級の成り上がり者集団である突撃隊が、自分たちの力を誇示するために起こした無意味な破壊行動であり、強制移送にいたっては、もし政府内に「ヒトラーのように正しくあろうとする者」がいたら、こんな事件は起こらなかったはずだと主張した（オゥイングス『女性たち』）。

ヒトラーがドイツ国民、とりわけ女性からの高い支持を得ていたことはこれまでの研究でも指摘されてきたが、ヒトラー信奉者のなかには、ナチスによる残忍な政策を目の当たりにしてもなお、それはヒトラーの意思ではない、彼がそんなことを命じるはずはないと考えるほどの確信的な支持者がいたのである。

国民の大多数がヒトラーを絶対視する風潮のなかで、ナチス国家に批判的な者は周囲の者に怪しまれないよう、ますます言動に注意しなければならなくなった。人びとの監視の目は成人だけでなく、年端のいかない幼児にも及んだ。ルート・アブラハム夫妻の救援者マリア・ニッケルのこんな体験がある。ある日、マリアの自宅に近所に住む女性が訪ねてきた。マリアの幼い息子ゲルハルトが「こんにちは！」と無邪気に挨拶すると、その女性は厳しく咎めた。「駄目じゃないの。あなたは正しい挨拶を教わっていないの？　ドイツ人の挨拶はハイル・ヒトラーでしょう！」なぜ叱られたかわからないゲルハルトは混乱して泣き出した。子どもにヒトラー賛美の考えをもたせたくなかったマリアは、それまでわが子に「ハイル・ヒトラー」ということばを教えていなかったのである。

いずれにせよ、ドイツ人たちは強制移送の事実を知っていた。そもそも、ドイツ人の目に一切触れないように移送を進めることなど不可能だったからだ。しかしドイツ人のなかには彼らがどこへ連れていかれるのか知らず、興味もないという者も多かった。先述のドイツ人女性も「強制収容所っていうのは、ひどく不快な場所なんだろう」という程度の認識しかなかったと振り返っている。だが、移送以前にドイツで進められてきたユダヤ人政策から考えれば、快適な移住でないことは容易に想像できたはずである。さらに、徴兵で東部戦線に送られた兵士たちには、現地のユダヤ人に何が起きているかを見聞きする機会もあった。ベルリンでユダヤ人の母娘を匿っていたあるドイツ人女性は、一九四二年の秋、東部戦線から帰還した隣人男性からユダヤ人虐殺の実態を聞かされている。加えて違法行為ではあったが、イギリス等の国外ラジオ放送を傍受すれば、収容所で何が行われているのかを知ることは可能だった。

## 移送の順番

ドイツでは当初、ユダヤ人を手当たり次第に移送の対象としたわけではなかった。次に収容所送りの対象になるのは誰なのか、そこにははっきりとした順番があった。

ユダヤ人女性ルート・アブラハムが妊娠中に出血したとき、診察した医師は最低でも六週間は安静が必要だと告げた。だが労働先の医薬品工場に休暇の申請をしなければならない。ルートが働く工場は、「戦争遂行に必要な企業」の認可を受けていた。あらゆる経済活動が戦争最優先であった当時のドイツで、「戦争遂行に必要な企業」の認可があれば、物資も労働力も優先的に提供された。軍需工場はもとより、薬品でも食品でも煙草でも、ともかく何らかのかたちで戦闘行為の継続に有効だと判断されれば、認可の対象となった。

ルートは思った。自分がまだ移送を逃れられているのは、認可を受けた工場で働いている、つまり戦争の役に立っているとみなされているからだ。だが、休暇を願いでれば工場長はそれを労働管理局に届け出なければならない。労働管理局は使いものにならないルートを首にし、代わりの労働者を工場に寄越すだろう。安静にしていなければお腹の子どもは助からない。だが、工場を休めばルート自身が収容所に送られる。

窮地のルートを救ったのは、強制労働先の工場長シュタルケだった。可能な限りユダヤ人従業員を庇おうと決意していた彼は、ルートの休暇を労働管理局に届けることも、代替の労働者の派遣を要請することもせず、彼女が職場に復帰するまで待っていてくれた。

シュタルケの配慮でルート自身は無事に出産を迎えることができたが、このときに彼女が感じた不安と恐怖は、働き手として「使いもの」になるか否かが、移送の順番を決める重要な要因であったことを示している。このことは、いちどは集合収容所に連行されたにもかかわらず、軍需工場の働き手として移送を免れたダゴベルト・レヴィンの事例からもうかがえる。むろん、こうした猶予は一時的なものに過ぎず、いわば移送の順番を待つ列の先頭から、せいぜい列の後方に移動した程度のことであった。ホロコースト研究者ダニエル・ゴールドハーゲンのことばを借りれば、ユダヤ人にとって労働は「死への中継点」だった。人びとは、まず強制労働者として劣悪な条件下で働かされ、さらに移送先の収容所でも労働が待っていた。そうして、「最後の一滴」の力まで搾り取られた先に待つのが死だったのである。

## 工場経営者による移送猶予の訴え

一九三九年以降、戦時下にあったドイツで、ユダヤ人は貴重な労働力だった。工場の生産は、強制労働者として安価に使えるユダヤ人にかなりの部分で依存していた。強制移送が開始される一九四一年までに、オーストリアを含むドイツ全体で数万人のユダヤ人が軍需産業に組み込まれていた。このため、移送が開始されると、国防軍には各地の工場経営者から自分たちの窮状を訴える手紙が次々に送られてきたという。ウィーンのある工場経営者は、次のような文面で自分のところにいるユダヤ人を救ってほしいと訴えた。

現在、ユダヤ人の新たな移送が進行中です。それが、勤勉に訓練を受けて専門家になった、わが工場のユダヤ人労働者に悪い影響を与えています。彼らを奪われたら、生産はおそらく三分の一ほど減少するでしょう。これらのユダヤ人は、全員のなかで最も有能で勤勉です。というのは、彼らはもし生産高が満足できるものでなかった場合、危険が身に及ぶ唯一の者たちだからです。実際彼らは、記録的な業績を挙げています。一人のユダヤ人労働者の生産性は、二人のアーリア人専門家の生産性にほぼ匹敵するほどです。

（ヒルバーグ　前掲書上巻〔一部改訳〕）

この工場経営者は、ユダヤ人移送を進めるような法令は国益を損なうものであり、そのような法令を抑制するのは国防軍の役割だと訴えた。ユダヤ人労働者の間では、すでに強制移送に対する不安と動揺が広がっており、そのことが労働効率を著しく低下させているとも主張した。

結局、工場経営者たちは、ナチスに対し自分たちの要求を認めさせることに成功した。経営者たちの協力なしに戦争を続けることは不可能だったからである。このことについて、先述の工場経営者はこんな皮肉を言った。

「繰り返しますが、私たちは自分たちのために鉄の樽が必要なのではなくて、国防軍が鉄の樽を必要としているのです」

こうして一九四一年十月三十一日には、管区の労働管理局と経済局に対し、戦争経済に必要な仕事に就いているユダヤ人の移送を拒否する権限が与えられた。働くユダヤ人をゲシュタポの逮捕から守ることが、管区の仕事になったのである。重要な労働に従事するユダヤ人に対する移送の猶予は、その後、一九四二年秋にヒトラー自身がユダヤ人を軍需産業から取り除くよう命じ、さらに労働力配置総監フリッツ・ザウケルがポーランド等の占領地域からユダヤ人に代わる労働力として大量の現地住民をドイツに送り込むまで続いた。

工場経営者の訴えたユダヤ人労働者の保護は、ユダヤ人の処遇をめぐるナチス・ドイツの陥った自己矛盾を表している。国外への放逐という手段を閉ざされ、自国に大量のユダヤ人を抱えこんだナチス・ドイツにとって、収容所移送はユダヤ人減らしの最後の一手であった。だが、そのユダヤ人は事実上、戦争を支える貴重な担い手になっていた。それは、最低限の賃金で安あがりに使えるという理由ばかりではない。先述の工場経営者が主張するように、彼らは労働者として有能だった。しかも彼らを有能な労働者に仕立て上げたのは、当のナチス自身だった。もともと学業に熱心な民族であるうえに（第一章参照）、有能な労働者であり続けなければ命の保証はないという恐怖と緊張感が、彼らを勤勉な労働へと駆り立てたのだ。

## ユダヤ人団体職員たちの「自助」

移送開始後のドイツで、ユダヤ人たちが身を守るために自分でできることは限られていた。多くの者は、少しでも移送の順番を遅らせるすべを必死で求めた。

そうしたなかで、ユダヤ教団とユダヤ人連合の職員たちは、移送者名簿作成への関与と引き換えに、自分の身内や親しい者の移送を後回しにする「特権」を期待した。彼らがナチスへの協力を決めたのは、同胞の困難を軽減するためという理由に加えて、移送者の選別に関与することで、自分や親しい者の身を守れるかもしれないと期待をかけたからでもあった。

実際、移送が始まってからしばらくの間は、名簿作成に関与する職員たちは親戚や恋人、親しい友人の名を移送者名簿から外すことが可能だった。ときには、連行された身内を釈放することもできた。正確な時期は不明だが、先述の教団職員ショイレンベルクは、いちどは連行された妻と十六歳の息子をゲシュタポとの交渉によって取り戻している。さらに一九四二年十二月には、二十二歳の娘と彼女の新婚の夫が連行されたが、このときもアウグスト通りにある集合収容所のドイツ人所長エルンスト・ザッセの尽力で、ふたりの釈放に成功している。ショイレンベルクを有能な働き手として評価していたザッセは、ゲシュタポの職員でありながら、ショイレンベルクとその家族を守るためにさまざまな便宜をはかった。

他にも、インゲ・ドイチュクロンは、自分が移送の対象になったことを知ると、以前からの知り合いだったユダヤ教団の幹部職員コンラート・コーエンに助けを求めた。コーエンはドイチュクロンの求めに応じ、すぐに彼女を移送者名簿から削除してくれた。ドイチュクロンはその後、複数の救援者たちに匿われ終戦まで生き延びているが、このときのコーエンの働きがなければ、そもそも潜伏生活に入ることさえできなかっただろう。だが、インゲの命を守ったコーエン自身は一九四二年春に逮捕され、移送されたマウトハウゼンの強制収容所で自ら命を絶った。弁護士として長年裕福に暮らしてきたコーエンは、強制収容所の過酷な生活に絶望したのである。

ユダヤ人団体職員のこうした行動を、ゲシュタポはどう見ていたのだろう。円滑に移送を進めたいゲシュタポにとって、ユダヤ人団体の協力は必須であった。だから、彼らの名簿改ざんに目をつぶり、身内や恋人の移送を後回しにする程度の配慮は、「互いの」良好な関係を維持しておくうえでむしろ好都合ですらあったと思える。実際、現地で移送を指揮するゲシュタポにとって、「誰を収容所に送るか」よりも、「予定どおりの人数を揃えて収容所に送りこむこと」のほうが重要な問題であった。

しかしそれは、ユダヤ人たちが自分や親しい者の名前を名簿から削除するために、削除したのと同数の名前を名簿に加える必要があったことを意味する。自分たちの移送を後回しにする行為は、他の誰かを身代わりにすることに他ならなかった。

ユダヤ教団職員コーエンの計らいで移送を逃れたドイチュクロンは言う。

> 最初のうち、私にもたらされた運命を他の人が担わなければならなくなった、という考えが私を苦しめた。しかし、まもなく私は、そのことを忘れた。
>
> （ドイッチュクローン『黄色い星を背負って』）

このことばから窺われるのは、切迫する状況のなかで、多くのユダヤ人がもはや、他者の痛みを慮るという通常の感覚さえ奪われつつあったという事実である。

では、実際に「身代わり」はどのようにして起こったのか。たとえば、ベルリン市内の縫製工場で強制労働に従事していたレオ・ゼイとマックス・ゼイのユダヤ人兄弟は、ユダヤ人同僚夫婦の身代わりとなって、一九四二年四月に移送者名簿に掲載された。

ことの顚末はこうである。自分が移送者名簿に記載されたことを知ったユダヤ人同僚は、大切に隠しもっていた金時計を勤務先の工場主に差し出し、どうか自分と妻を助けてほしいと訴えた。ふたりを助けてやろうと考えた工場主は、労働管理局主任のドイツ人アルフレート・エッシュハウスに相談した。エッシュハウスは以前からたびたびこの工場主から賄賂を受け取っていたから、このときも工場主の要望を聞き入れ、ユダヤ人夫婦を名簿から削除する手伝いをしてやった。かくして、名簿から削除された夫婦の代わりに移送対象となったのがゼイ兄弟だったのである。移送の当日、兄弟は発車直前の列車から逃亡しようとしたところをゲシュタポに捕まった。取り調べに対し、自分たちは移送されるはずではなかった、身代わりにされただけだと訴えたが聞き入れられることはなかった。ふたりはドイツ国内のザクセンハウゼン収容所に送られ、死亡したた。

（カイン『オットー・ヴァイト』）。

とはいえ、こうした「移送者の差し替え」が可能であったのも、ある時期までであった。移送が進み、ユダヤ人が次々に消えていくにつれ、もはや身代わりの者を探すこと自体が不可能になったからである。

## ユダヤ人の「一掃」

このように、ベルリンでは当初、ユダヤ人の移送は移送者名簿によって管理された。名簿に登載されたユダヤ人には、ゲシュタポから十六頁に及ぶ「財産宣誓書」の書式と集合収容所への出頭命令が送り付けられた。ナチスは、ユダヤ人はどれほど財産を没収されても、それでもまだ財産を隠しもっているに違いないと確信していたのである。

だが、こうした方法にはふたつの点で問題があった。ひとつは移送効率である。煩雑な手続きを踏んで実施されるこの方法は、できるだけ短期間に大量のユダヤ人を収容所に送り込むには不向きであった。

もうひとつは、移送に関与する現場職員の不正の横行である。前章でも触れた通り、移送が決まったユダヤ人たちは、出頭した集合収容所で所持していた貴重品を根こそぎ没収された。その際、集合収容所で働くゲシュタポ職員のなかには、巻き上げた貴重品をこっそり自分の懐に入れる者が後を絶たなかった。集合収容所でゲシュタポの下働きをさせられていた前述のユダヤ教団職員ショイレンベルクは、こんな光景を記憶している。

あるとき、（財産宣誓書に）記載のあるペルシャ絨毯一枚の所在が不明になった。ただちに貴重品運搬役のユダヤ人職員が集められ、全員すぐに収容所送りにするぞと脅された。もっとも、命令はすぐに撤回された。その絨毯はゲシュタポの職員が自分の私用に取り除けていたことがわかったからだ。

（マイヤー他編　前掲書）

一九四二年秋には、ユダヤ人財産の私物化を理由として、ゲシュタポ本部でも逮捕者が出た。そこで、ベルリンにおけるユダヤ人移送の方法を「改善」するために招聘されたのが、親衛隊大尉アロイス・ブルンナーであった。ヨーロッパのユダヤ人の移送責任者アドルフ・アイヒマン中佐にユダヤ人移送の実績を買われ、大尉にまで上り詰めていたブルンナーは、ユダヤ人移送における「高能率で冷酷な」仕事ぶりでその名を知られていた。

ブルンナーは次のように進言した。ユダヤ人の移送に、名簿や出頭命令の事前通知等はもはや不要である。ユダヤ人を捕えるには、ユダヤ人住居がある一画を親衛隊が取り囲み、そこにいるユダヤ人全員を捕えて力ずくで連行しさえすればよいのだと。一九四二年末以降は、すでにウィーンで実証済みだったこの「新たな方式」がベルリンでも導入された。

一九四三年二月二十七日早朝、ベルリンでユダヤ人の一斉検挙が始まった。トラックが町中をけたたましく走り、まだ市内に残っていたユダヤ人を一網打尽にした。多くの者が強制労働先の工場で捕えられたことから「工場作戦」と呼ばれるこの連行によって、一万一千人にのぼるユダヤ人がベルリンから消えた。連行された人々の身に何が起こったかについては、もはや想像の余地さえないだろう。すでに一年前の一九四二年一月には、国家保安本部長官となっていたラインハルト・ハイドリヒの招集で「ヴァンゼー会議」が開催され、ヨーロッパ・ユダヤ人の絶滅方針

| 回 | 日付 | 移送先収容所 | 人数 |
|---|---|---|---|
| 1 | 1941 年 10 月 18 日 | リッツマンシュタット（ウッチ） | 1013 |
| 2 | 1941 年 10 月 24 日 | リッツマンシュタット（ウッチ） | 1146 |
| 3 | 1941 年 10 月 27 日 | リッツマンシュタット（ウッチ） | 1009 |
| 4 | 1941 年 11 月 1 日 | リッツマンシュタット（ウッチ） | 1038 |
| 5 | 1941 年 11 月 14 日 | ミンスク | 1030 |
| 6 | 1941 年 11 月 17 日 | コヴノ | 942 |
| 7 | 1941 年 11 月 27 日 | リガ | 1000 |
| 8 | 1942 年 1 月 13 日 | リガ | 1037 |
| 9 | 1942 年 1 月 19 日 | リガ | 1006 |
| 10 | 1942 年 1 月 25 日 | リガ | 1051 |
| 11 | 1942 年 3 月 28 日 | ピアスキー | 974 |
| 12 | 1942 年 4 月 2 日 | ワルシャワ | 不明 |
| 13 | 1942 年 4 月 2 日 | ワルシャワ | 654 |
| 14 | 1942 年 4 月 14 日 | ワルシャワ | 65 |
| 15 | 1942 年 6 月 2 日 | 〝東方〟 | 758 |
| 16 | 1942 年 6 月 13 日 | マイダネク／ソビボル | 不明 |
| 17 | 1942 年 6 月 26 日 | マイダネク／ソビボル | 202 |
| 18 | 1942 年 7 月 11 日 | マイダネク／ソビボル？ | 210 |
| 19 | 1942 年 8 月 15 日 | リガ | 1004 |
| 20 | 1942 年 9 月 5 日 | リガ | 790 |
| 21 | 1942 年 9 月 26 日 | レヴァル | 811 |
| 22 | 1942 年 10 月 19 日 | リガ | 963 |
| 23 | 1942 年 10 月 26 日 | リガ | 791 |
| 24 | 1942 年 11 月 29 日 | アウシュヴィッツ | 1011 |
| 25 | 1942 年 12 月 9 日 | アウシュヴィッツ | 997 |
| 26 | 1942 年 12 月 14 日 | アウシュヴィッツ | 811 |
| 27 | 1943 年 1 月 12 日 | アウシュヴィッツ | 1210 |
| 28 | 1943 年 1 月 29 日 | アウシュヴィッツ | 1000 |
| 29 | 1943 年 2 月 3 日 | アウシュヴィッツ | 952 |
| 30 | 1943 年 2 月 19 日 | アウシュヴィッツ | 1000 |
| 31 | 1943 年 2 月 26 日 | アウシュヴィッツ | 1100 |
| 32 | 1943 年 3 月 1 日 | アウシュヴィッツ | 1736 |
| 33 | 1943 年 3 月 2 日 | アウシュヴィッツ | 1758 |
| 34 | 1943 年 3 月 3 日 | アウシュヴィッツ | 1732 |
| 35 | 1943 年 3 月 4 日 | アウシュヴィッツ | 1143 |
| 36 | 1943 年 3 月 6 日 | アウシュヴィッツ | 662 |
| 37 | 1943 年 3 月 12 日 | アウシュヴィッツ | 947 |
| 38 | 1943 年 4 月 19 日 | アウシュヴィッツ | 688 |

ベルリンからの強制移送①（1941年10月の移送開始から1943年6月19日の「ユダヤ人一掃」宣言まで）（マイヤー他編　前掲書およびヤー『ベルリンからのユダヤ人移送』による。なお、地名はナチス時代のもの）

が確認されていたからである。

かくして一九四三年六月十九日、宣伝相ゲッベルスは「ベルリンからユダヤ人がいなくなったこと（ユーデンフライ）」を宣言するのである。

ゲシュタポの監視のもとで強制移送に加担させられてきたユダヤ人団体も用済みとなり、職員たちは収容所に送り込まれた。

もともと大都市ベルリンは逃げ惑うユダヤ人たちの最後の砦だった。開戦によって国境が閉ざされ、亡命の可能性が失われると、ドイツ各地に取り残されたユダヤ人は一縷の望みをかけて人、物資、情報が集中するベルリンを目ざしたからである。そのベルリンからユダヤ人が消えた。それは、「ドイツからユダヤ人がひとりもいなくなったこと」を意味したのである。

## 2　地下に生きる

### 潜伏生活の開始

もはやユダヤ人が生きられる「隙間」などドイツ中どこにも存在しないように見えた。事実、自分がおかれた状況に絶望し自ら命を絶った者も大勢いた。一九四一年の移送開始以降、収容所移送の通知を受け取ったユダヤ人の十人にひとりが自殺を選んだ。ベルリン市レフェッツォフ通りの集合収容所は、前述の通りもとはユダヤ教のシナゴーグだったが、ここで働かされていたユダヤ人連合職員によれば、連行されてきたユダヤ人がシナゴーグの二階から大理石の床に飛び降りて自殺をはかる姿は日常だったという。

こんな事例もあった。ユダヤ人の母とドイツ人の父の間に生まれた「混血(Mischling)」の少女は、母親に移送通知が届いたとき、毒を飲ませて殺害した。少女は言った。「私は母をとても愛していました。だから殺したのです」。

ユダヤ人の自殺について、ラルフ・ノイマンはのちに「一九四一年秋に移送が始まると、連日のように知人の自殺を知らされるようになった」と語っている。ラルフによれば、自殺者の多くは高齢者だったという。彼らもまた潜伏生活を望んだものの、手助けしてくれるドイツ人が見つからなかったり、いつ終わるかわからない過酷な生活に耐える自信がないなどの理由から、結局自ら命を絶ったのである。

その一方で、何があっても生き延びようとする者は、監視の目をかいくぐり地下に潜った。一九四一年十月の移送開始から一九四三年二月の「工場作戦」までに潜伏したユダヤ人は、ベルリンだけでおよそ七千人と推測されている。これは当時ベルリンにいたユダヤ人の九パーセントに相当する。

ユーデンフライを宣言した当のナチスもまた、実はドイツからユダヤ人がひとりもいなくなったなどと信じてはいなかった。ナチスは潜伏者たちを「潜水艦《ウーボート》」と隠語で呼び、「いないはず」のユダヤ人を躍起になって追跡した。

「ユダヤ人のいない社会」が表向きのドイツだとすれば、地下には「ユダヤ人が生きるもうひとつの社会」があった。彼らは絶えず死の恐怖にさらされながら、いかに生き、そのために何を必要としたか。そしてドイツ市民たちは、彼らに何を提供したのか。順にみていこう。

まずは、ユダヤ人たちがどのように潜伏生活を開始したかを確認しておきたい。

**出産から三日後の移動——ルート・アブラハム夫妻**

一九四二年十一月に救援者マリア・ニッケルと出会ったアブラハム夫妻は、周到に潜伏生活の準備を進めた。マリアは身重のルートを気遣い、可能な限り頻繁にルートを見舞った。

孫の誕生を心待ちにし、ルートの身の回りの世話をしていた両親は、この年の夏すでに移送されていた。マリアは夫妻に対し、どうしても他に頼る相手がいないときには、自分が出産を手伝うと約束した。自宅に電話のないマリアは、緊急連絡用にと自宅近所にあるパン屋の電話番号をルートに伝えた。パン屋を介して、マリアを電話口に呼び出してもらう手はずであった。

夫妻は出産を待ってベルリンを離れ、人目を避けた小村で潜伏生活を開始しようと計画していた。潜伏生活によってマリアと連絡が取れなくなることを恐れたルートは、信頼できる自分の友人にマリアの連絡先を伝え、いざという時には仲介役となってくれるよう依頼した。

この頃のドイツでは、ユダヤ人の収容所移送が苛烈を極める一方で、まだ移送の順番がこない者には、わずかながら食料の配給があったし、病気になればユダヤ人病院で治療を受けることもできた。さらに妊婦に対しては、ユダヤ人病院での出産か自宅への助産師の派遣が認められていた。だがルートとヴァルターは、ナチスの監視下におかれたユダヤ人病院を信用できなかった。

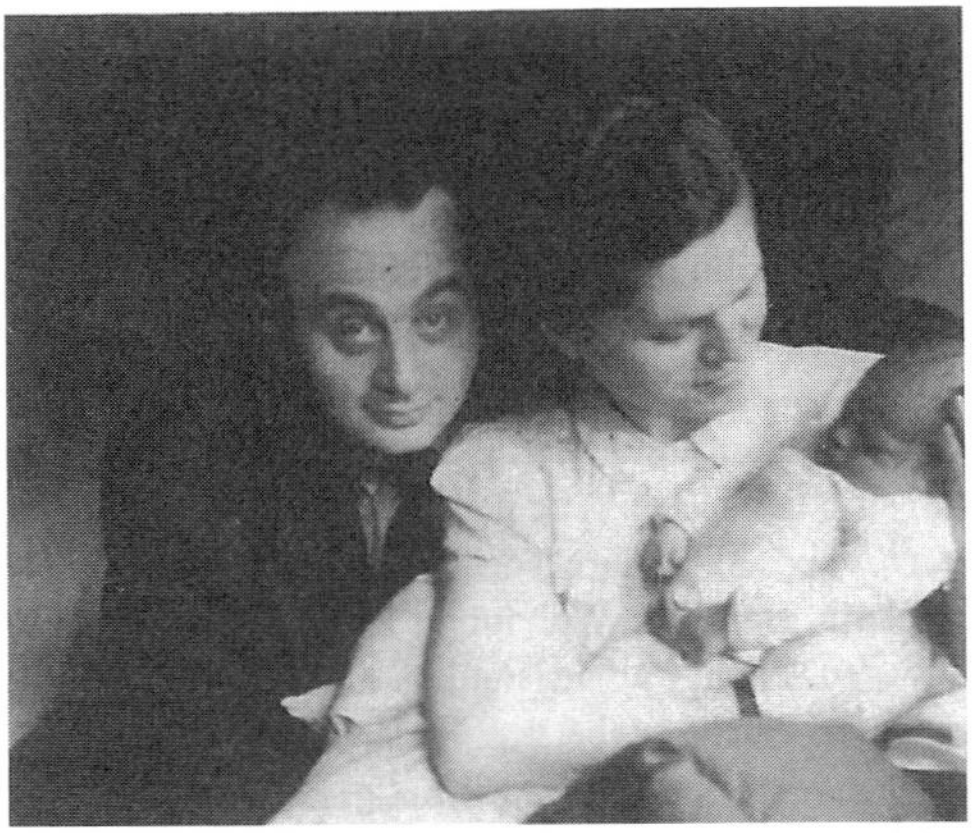

生まれたばかりの娘レーハを抱え、潜伏直前に撮影されたアブラハム夫妻の写真（ソコロウ／ソコロウ『ルートとマリア』より引用）

一九四三年一月十九日、ルートは自宅で出産を迎えた。立ち会ったのは、ドイツ人の妻をもつユダヤ人医師ベンノ・ヘラーだった。妻の存在によって、ヘラーは移送を猶予されていた。第一章でも触れたとおり、一九三五年制定の「ニュルンベルク人種法」によって、ドイツ人とユダヤ人の婚姻は禁止されていたが、法律制定以前にすでに結婚していたカップルについては、いちおう婚姻の継続が認められていた。とはいえナチスはドイツ人配偶者に対しては執拗に離婚を迫ったし、婚姻を続けるドイツ人は凄絶な嫌がらせや差別に耐えなければならなかった。そして、離婚すればユダヤ人の配偶者は特権を剝奪され、移送の対象となった。だからユダヤ人配偶者にとって、相手の存在はたったひとつの命綱だった。妻の存在によって守られていたヘラーは、その妻とともにユダヤ人同胞を手助けする活動を精力的に行っていた。

誕生した子どもは女児で、レーハと名付けられた。出産の二日後、アブラハム夫妻は市役所に出生届を提出した。わざわざ「新たなユダヤ人の存在」を届け出ることがいかに危険かは、夫妻にもわかっていた。それでも、たとえもし、自分たちが生き延びられなかったとしても、自分たちのもとにユダヤ人の赤ん坊が生まれてきた証を残しておきたいと夫妻は願ったのである。

その翌日、夫妻はレーハを連れて深夜に家を出た。ベルリンの自宅から百五十キロ以上離れたヴァルテブルフ（現ポーランド領）の農村に、すでに隠れ家を確保してあった。その村で小さな農場を経営する独身女性が、誰も住む者のない古い小屋を賃貸ししてくれることになっていた。女性はルートたちの素性に関心を示さなかった。きちんと家賃を払ってくれさえすれば、それ以外のことは大きな問題ではなかったのだ。

潜伏先へは列車で向かう必要があった。知り合ったばかりの鶏卵卸業者が、五百マルクの謝礼と引き換えに駅まで車で送ってくれた。そこから現地までは列車で四時間の長旅だった。移動中、もしレーハが泣けば嫌でも人目をひく。ルートは一計を案じ、ワインボトルのコルク栓に、甘いワインをたっぷりとしみこませた。レーハが泣き出したときはこれを即座に口に含ませ、アルコールの力で眠らせた。翌早朝、夫妻は無事に最初の潜伏先に到着した。

## 友人たちに助けられて——ノイマン姉弟

序章の冒頭で記した通り、移送命令を受け取ったラルフ・ノイマンと姉リタ、母ゲルトルートの三人は、匿ってくれる友人知人を求めてベルリン市内をさまよった。

一家を助けたのは、強制労働先のオスラム社でラルフと同僚だったレオ・フライネスというユダヤ人だった。かつて実業家だったフライネスは、独身のユダヤ人女性に匿われ、彼女の住むアパートの一室で潜伏生活を送っていた。女性の名はヘドヴィヒ・ヘプナーといった。昼間は仕事に行くヘプナーのために、フライネスは家事一切を引き受け、アパートの家賃もフライネスが払った。それがフライネスとヘプナーの間に交わされた「契約」であった。

ラルフより三十歳近く年上のフライネスは、朗らかで現実主義者だった。彼はラルフたち一家の行く末を心配し、自分の伝手《つて》を使って非合法でアパートを借りてくれた。だが、ほっとしたのもつかの間、突然母が姿を消した。ノイマン姉弟は、母がかつて住んでいた家に行ったのではないかと考えた。逃亡の際に自宅に残してきた家財道具や財産のことを、母がしきりに気にしていたからである。

姉弟はフライネスを訪ね、母の行方がわからないと訴えた。フライネスは言った。おそらく彼女は、もといた自宅に戻ったところをゲシュタポに逮捕されたのだろう。そうだとすれば、ラルフたち姉弟も、今住んでいるアパートに二度と戻ってはいけない。姉弟を逮捕するため、ゲシュタポが母を囮《おとり》に使うかもしれないからだ。

母を失い、せっかく得たばかりの潜伏先も失ったノイマン姉弟に、さらなる過酷な試練が待っていた。ふたりは一緒に行動することを諦め、別々に潜伏生活を送る決意をしなければならなかった。たったひとりを匿うことさえ困難な状況のなかで、ふたりを一緒に匿ってくれる者など見つかるはずがなかったからだ。幸い姉のリタは、知り合いのドイツ人に匿ってもらえることになったが、ラルフの潜伏先は見つからず、路上で夜を過ごす日々が始まった。日中はあたかも目的地に向かうようなそぶりでひたすら市電に乗り続け、夜は公衆トイレの冷たい床で身体を丸めて眠った。冬の寒さに加え、飢えと孤独、逮捕への恐怖がラルフから容赦なく生きる力を奪った。

そのラルフを助けたのはフライネスだった。フライネスは息子のような年齢のラルフを案じ、できる限りの援助をした。フライネスは自分の救援者であるヘプナーに対し、絶対にアパートに人を招き入れないと約束していた。近隣住民に疑われないためである。だがフライネスはこの約束を破り、彼女が留守のときにはこっそりラルフを招き入れて昼寝をさせてくれた。別れ際には食料や現金、ときには闇市で手に入れた食料配給券を与え、希望を失うなと励ました。
ラルフはフライネスの援助と励ましによってわずかに明るい心を取り戻すと、ふたたび路上に戻っていくのだった。

**ゲシュタポを振り切って——ハンニ・ヴァイセンベルク**

移送された同僚ザラから手紙を受け取った前述のユダヤ人女性ハンニ・ヴァイセンベルクは、一九四三年二月三日の夕方、換気をしようと自宅の部屋の窓を開けた。一九三九年四月に「ユダヤ人住居賃借法」が制定されると、ユダヤ人はそれまで暮らしていた住居を追われるようになっていた（グルーナー『ベルリンにおけるユダヤ人迫害　一九三三―一九四五』）。さらに一九四一年になると、人々はナチスが「ユダヤ人住居」として定めた不潔で狭い部屋に押し込められていた。ハンニの自宅は、その「ユダヤ人住居」の一階にあった。

ハンニ・ヴァイセンベルク

窓のすぐ目の前の中庭ですさまじい警笛音とどなり声がした。ゲシュタポだった。彼らは「ユダヤ人住居」の住人全員を連行しようと、住居の前で待ち伏せしていたのである。ハンニの目の前でユダヤ人たちが次々に逮捕されていった。

ゲシュタポは玄関ドアを乱暴に叩き、建物のなかに踏み込んできた。ハンニの部屋の呼び鈴が激しく鳴った。ハンニは部屋のなかで息をひそめ、絶対につかまるものかと決意した。前年の六月、ハンニは唯一生き残っていた肉親である祖母を移送で失っていた。その時以来彼女は、自分はゲシュタポに連れていかれないぞと繰り返し自らに言い聞かせてきたのだ。

もっともこのときの行動について、ハンニは晩年、自分があのときなぜあれほど大胆かつ冷静に行動できたのかいまだにわからないと振り返っている。当時のハンニは、はにかみやで臆病な少女だったからだ。

ゲシュタポの隙をみて部屋を抜け出し、ハンニは自室のある一階から三階まで一気に階段を駆け上がった。だが屋外は極寒である。このときの彼女には、部屋を出る際にコートと鞄をもって出るだけの冷静さがあった。

三階には隣の建物に連結する扉があった。扉のそばにいた男を突き飛ばし、ハンニは隣の建物へと逃げ込んだ。そこにもゲシュタポの見張りが立っていた。だがハンニはこの見張りが年配者であることに気付いた。彼女は追っ手を振り切って全速力で階段を駆け下り、無事に建物の外に出た。外はすでに真っ暗になっていた。誰もハンニの姿に気を留める者はいない。これからどこへ行けばいいのだろう。ハンニは、助けてくれそうな知人の記憶を必死で手繰り寄せた。ベルリン市ヴィルマースドルフにいる知人の顔が浮かんだ。ハンニの親戚と親しく交際していたブリューゼハバーというドイツ人税理士の一家だった。ブリューゼハバー家の人びとのユダヤ人に対する好意的な感情がどうか変わっていませんようにと願いながら、ハンニは地下鉄に乗り、一家のもとに急いだ。

## さまざまな隠れ家

潜伏ユダヤ人がまず必要としたのは隠れ場所だった。潜伏先は救援者の自宅や救援者が所有する商店、工場から倉庫、ボートハウス、別荘やコテージまで多岐にわたった。ときには、割高の家賃を払い、潜伏者自身が闇ルートで部屋を借りるケースもあったが、そうした場合でも、部屋を貸してもよいという相手との接触や交渉の過程には、多くの場合救援者の関与があった。

たとえば、ベルリン市に住むあるユダヤ人兄弟は、突然自宅に現れたゲシュタポから逃れて町に出た。おびえた様子の彼らを見て、たまたま通りかかった女性が声をかけてきた。女性は夫と六人の子どもをもつ主婦だった。事情を話すと彼女は兄弟を連れ帰り、一家が所有する家庭菜園用の納屋にふたりを匿った。

また、エリッヒ・ホップと十四歳の息子も、通りがかりの女性に助けられた。一九四二年五月、移送の通知を受け取ったホップ親子は、夜、行くあてもなく自宅前の道路に立ち尽くしていた。するとと大型犬を連れた女性が通りかかった。彼女は多くを問わず親子をベルリン市内のある場所に連れて行った。そこは市内でもっとも風紀の悪い小路のひとつで、大勢の娼婦やいかがわしい素性の者たちが住み着いていた。女性は言った、ここは軍人が立ち入り禁止になっている区域だと。親子は一帯を取り仕切るひとりの女性を紹介され、しばらくの間彼女のもとに匿われた。

二十二歳のロルフと弟のアルフレートは両親が収容所に送られた後、潜伏先を求めてベルリン市内を放浪した。墓地や森で野宿し、冬は駅の構内で夜を明かした。ある日、兄弟は町で偶然知人のドイツ人女性と出会った。助けてほしいと訴えると女性は怯えて言った。「うちは、無理よ。だってほら、小さい子どもがふたりもいて、いつも玄関の扉を開けっぱなしにしておかなくちゃいけないんだもの」。その代わりに、と彼女は五十代の独身女性を紹介してくれた。廃品回収と新聞販売で生計を立てるマリー・ブルデというその女性は、家具すらない地下の一室で、廃物の山と新聞紙に埋もれて暮らしていた。ネズミが走り、シラミがわくその地下室に、ブルデは兄弟を受け入れた。

ベルリンに住む二十歳のマリアンネ・ベルンシュタインとアンネリーゼは双子の姉妹だった。ふたりは年配の娼婦に救われ、彼女の自宅アパートに匿われた。だが、ほどなくそのアパートがゲシュタポの監視下におかれた。建物内に潜伏していた他のユダヤ人の存在が発覚したからである。居場所を失った姉妹はその後しばらくの間、公営プールの更衣室で夜を明かした。

最後に示したベルンシュタイン姉妹の事例は、ユダヤ人たちが頻繁に潜伏先を変えなければならなかった過酷な実態を示している。実際、潜伏者のなかで一か所の潜伏先に終戦まで留まることのできた者はごく少数だった。近所の者やゲシュタポにかぎつけられた、近所でちょっとした事件や騒ぎが起こり警察が来た、潜伏先の建物が空襲で破壊された、救援者が疎開しなければばならなくなり、ユダヤ人を匿えなくなったなど、理由はさまざまだった。

先述のハンニ・ヴァイセンベルクはゲシュタポの追跡を走って逃れたあと、知人であるドイツ人税理士ブリューゼハバーの一家を頼った。夫妻はハンニを温かく迎えてくれたが、長くそこにとどまれないことはすぐにわかった。夫妻の自宅にはすでに複数のユダヤ人が匿われており、ハンニを受け入れる余裕はなかったからである。

「ブラウン博士」のアパートに身を寄せたダゴベルト・レヴィンの一家もまた、短期間で彼のアパートを出る羽目になった。ブラウンは悪人ではなかったが、重度のアルコール依存症であった。一度に十本以上ものビールを飲み、酔うと大声をあげて騒いだ。時にはダゴベルトたちが潜伏している奥の部屋のドアを叩き、「おーい、ユダヤ人、こっちに出て来て一緒にビールでも飲もうや」と声をかけてきた。

以前からブラウンが発する「騒音」に業を煮やしていたアパート住民は、ある日とうとう警察を呼んだ。やってきた警察官は、乱暴に玄関ドアを叩いた。ダゴベルトたちにとってせめてもの幸いであったのは、このときたまたまブラウンが外出中だったことである。ドアを叩く警察官に応じる者はいなかった。ダゴベルトたちは奥の部屋でじっと息をひそめた。ついに諦めて階段をおりていく警察官の靴音を聞きながら、ダゴベルトはすぐにこのアパートを出なくてはいけないと決意した。

## 潜伏発覚、ベルリン帰還――ノイマン姉弟

路上生活を送るラルフ・ノイマンのために潜伏先を見つけてくれたのは、先述のユダヤ人同胞フライネスだった。闇市にも顔のきくフライネスは、たびたび闇市に肉を売りに来ていた「フライシャー（ドイツ語で肉屋という意味）」と名乗る農場主にラルフの保護を依頼した。家畜の世話をする働き手を探していたフライシャーは喜んでラルフを引き取った。

フライシャーの農場は、ベルリン郊外の小村にあった。フライシャーと妻はラルフを歓迎し、彼のために個室も用意してくれた。

牛や羊に囲まれて過ごす穏やかな暮らしが始まった。フライシャーは近隣住民に対し、ラルフを甥だと説明した。脚に障害があるため兵役を免除されたが、農業の専門教育を受けているので、手伝いのために呼び寄せたのだと。その言葉通り、ラルフは村人たちの前では常に脚を引きずって歩くことを忘れなかった。

ラルフは近隣住民となるべくかかわりをもたないように気を付けていたが、村人たちは、馬に荷車をつけてでかけていく彼の姿を見かけると、手を振って挨拶してくれた。村の警察官とは顔なじみになり、たわいのない世間話をした。この警察官はフライシャーの長年の友人で、農場にやってきては搾りたての牛乳をねだるのが常だった。家畜の世話は楽しかった。動物たちは彼になついた。豊かな自然のなかで、ラルフの心は少しずつ癒されていった。だが、平穏な暮らしはわずか三か月で終わった。

ある日ベルリンに出かけたフライシャーは、ひとりのユダヤ人を連れ帰ってきた。かつて弁護

士をしていたという年配の男だった。フライシャーはラルフの他にもうひとり、ユダヤ人を匿ってやろうと考えたのである。だが、フライシャーの農場に到着したユダヤ人男性の目に、あの警察官の姿が飛び込んできた。警察官はちょうどそのとき、いつものように農場に牛乳を飲みにきていたのである。自分を逮捕しに現れた警察官だと思い込んだユダヤ人男性は、取り乱して叫んだ。

「俺はただの哀れなユダヤ人なんだ。頼む！　どうか見逃してくれ！」

フライシャーは慌ててユダヤ人男性の腕をつかむと、家のなかに引きずり込んだ。万事休すだった。この一件によって、村人たちがラルフの身元も疑い始めるのは時間の問題であった。フライシャー夫妻は、ラルフを見捨てなければならなくなったことを悲しんだ。別れ際、フライシャーの妻は泣きながらお金と食べ物を渡してくれた。こうしてラルフはふたたびベルリンに舞い戻った。

姉リタには、弟よりさらに過酷な運命が待ち受けていた。ベルリンで友人や知人の家を転々とした後、リタはベルリンから百八十キロほど離れたザルツヴェデルという町に住む一組の夫婦に匿われた。夫婦はリタがユダヤ人だと承知のうえで、住み込みの家政婦として雇うと申し出てくれたのである。夫婦はリタをかわいがってくれた。自室を与え、衣食の世話に加えて賃金も払ってくれた。だがある日、妻は自分の親友にリタが実はユダヤ人だと打ち明けてしまった。夫婦だけでリタを守ることに限界を感じ、友人に助けを求めようとしたのだろう。だが、ことは彼女が願った方向には進まなかった。

間もなく夫婦の家に警察が現れ、リタは逮捕された。彼女は町の警察署に拘束された。その後、ゲシュタポに引き渡され、収容所に送られるはずだった。それでもリタは諦めなかった。生来、楽天的な性格をもっていた彼女には、何があっても生き延びるという強い信念があった。リタは取調べの警察官が立ち去った一瞬の隙をついて鉄格子のない窓から逃走した。建物の外壁に取り付けられていた水道管を伝って路上に下り立つと、誰にも見咎められることなく駅まで逃げ延び、列車でベルリンに戻ったのである。

このように、多くの潜伏者は絶えず次の潜伏先を心配し続けなければならなかった。なかには潜伏の開始から終戦までの二年数か月もの間、短いときは一晩、長くても一か月程度で潜伏先を移動し続けた者もいた（これについては次章で詳述する）。潜伏先の確保は、地下生活を送るユダヤ人にとって最大の難問であった。同時にこれこそが、ひとりのユダヤ人を救うために多数の救援者を必要とした理由でもあった。

### 生活物資と食料を分け与える

衣食住ということばのとおり、人間が命をつなぐためには寒さや外傷から身を守る衣服、水や食料、夜を過ごすことのできる住居がまず必要である。それは、潜伏者たちも同じであった。

潜伏先の確保に加えて深刻な問題だったのは生活物資、とくに食料の確保だった。戦時下のドイツでは、食料品を含む生活必需品のすべてが配給制であり、配給券がなければ正規の値段では何一つ購入できなかった。ただし配給制とは言っても、敗戦直前の時期を除けば食料事情はそれほど悲惨ではなかった。ドイツの人びとには、七十六万人の餓死者を出したとされる第一次世界大戦時の悲惨な記憶が刻まれていたから、ナチスにとっても食料確保は国民の戦意を維持するための重要な課題だったのである。

もっとも、これには異論もある。前述の歴史学者ロジャー・ムーアハウスによれば、配られた配給券は国民にとって、あくまで「購入する資格のある分量」を表していたにすぎず、実際に購入できる量を示していたわけではないという。物資不足はすでに一九四〇年頃から顕在化した。商店には空の棚が何段も並び、さまざまな品を飾り付けたショーウィンドーの下部には「展示してある品は売り物ではありません」の注意書きがあちこちで見られた。

だが、潜伏ユダヤ人には配給券そのものがなかった。ユダヤ人を匿う救援者は自分たちの配給分を潜伏者と分け合ったが、それにも限界があった。夫と息子をもつあるユダヤ人主婦は、三年に及ぶ潜伏生活のあいだ、毎日彼女を手助けする人びとを訪ね歩き、食料を恵んでもらった。五十グラムのパン、五グラムの油脂、紙袋いっぱいの小麦粉、じゃがいも、スープの入った瓶。なかには彼女に好意を寄せ、また会えるなら野菜やマーガリンをもってきてあげると伝える男性もいた。

生まれたばかりの娘レーハを連れ、ヴァルテブルフの農村の小屋に潜伏していた時期のルート・アブラハム夫妻を手助けしたのは、小屋の所有者である独身女性だった。彼女はルートたちの素性を詮索しなかったが、電気も水道もないあばら家で暮らすルートたち親子に同情し、自分の農場でとれた卵や牛乳、バター、パン、じゃがいもなどをたびたびもってきてくれた。あるときなど、大きなベーコンの塊をもって現れたこともあった。ふたりを喜ばせようとしたのである。だが豚肉はユダヤ教徒にとって禁忌の対象であった。空腹の誘惑にかられながら、その後もルートたちはあれこれ口実を設けては豚肉の贈り物を断らなければならなかった。

潜伏ユダヤ人に食事を振舞ってくれる者もいた。母を失い、姉とも別れてひとり路上生活を送っていた時期のラルフ・ノイマンに食事をさせてくれたのは、居酒屋の女主人だった。フライネスの知人だったこの女性は、空腹のときはいつでも店に来るようにとラルフに伝えた。あるときラルフが店を訪ねると、女主人は黙ってラルフを奥の厨房に連れて行き、ステーキを振舞ってくれた。こんなにおいしいビーフ・ステーキを食べたのは生まれて初めてだとラルフが感激して伝えると、「それ、馬肉よ」と彼女は笑った。

ダゴベルト・レヴィンの妻イルゼは、五歳の息子クラウスと地下鉄で出かけたときの出来事を帰宅後熱く夫に語った。「ブラウン博士」のアパートで息をひそめ、音も立てずに生活しなければならない日常は、幼いクラウスには耐え難いものだった。イルゼは、外を出歩くことがいかに危険かを承知のうえで、息子のために努めて外出の機会を設けるようになった。

ダゴベルトたちが入手できる食料は乏しく、家族は常に空腹を抱えていた。地下鉄の車内でクラウスはお腹が空いた、お腹が空いたと泣き続けた。息子を抱き寄せてなだめようとしたとき、イルゼは洋服のポケットに何か押し込まれるのを感じた。そっとポケットに手をやると、包装紙に包んだサンドウィッチが入っていた。驚いて周囲を見わたすと、ひとりの老女が涙ぐんだ目でイルゼとクラウスを見ていた。イルゼと目が合った瞬間、彼女は痛ましいものを見るように少し微笑んだ。

イルゼとクラウスがユダヤ人であることに老女が気付いていたかはわからない。だがイルゼが礼を言おうとすると、彼女は自分の唇に人差し指をあて「静かに」とジェスチャーで示した。周囲の乗客に気付かれないようにとの配慮であった。

## 救援者との出会いの場となった闇市

このような善意の行動がありながらも、戦局の悪化とともに物資不足が蔓延していく状況のなかで、救援者の配給だけでユダヤ人を養うのは困難だった。そこで人びとが頼ったのは、配給券を必要としない闇市だった。現金あるいは物々交換に値するだけの価値ある品を持参しさえすれば誰でも物資が手に入った。

闇市はむろん建前上は違法取引であり、当時のドイツで、他の多くの不法行為と同様に、闇市もまた表向きは外国人労働者の仕業とされていた。だが、実際には闇市は戦時のドイツで「第二の経済」として重要な役割を担っていた。闇市は全国に展開し、商いに手を染める者は富裕な商人から陸海軍の司令長官、ナチ党の幹部、大臣にまで及んでいた。ハンブルクには、なんと宅配までしてくれる闇市があった。ベルリンでは警察本部の目の前にあるアレクサンダー広場が、闇取引の中心地になっていた。闇市は間違いなく、戦時ドイツの国民生活を支えていた。戦時下のベルリンでは、ドイツ国民に餓死者はいなかったとされるが、彼らは配給制度だけでは到底生き延びることはできなかったろう。

闇市は、潜伏ユダヤ人にとっても欠くことのできない場所だった。配給券をもたない彼らは、しばしば必要な生活物資を闇市で手に入れた。それだけではない。彼らのなかには闇市を商いの場として利益を得る者もいた。一方、救援者のなかにも、闇市に出入りする者はいた。すでに述べたように、一時期ラルフ・ノイマンを匿った農場主フライシャーは、自分の農場で生産した牛肉をベルリンの闇市で売りさばいていた。

ナチスは家畜や農作物の闇売りを取り締まろうとし、見つかれば最低でも懲役刑、悪質と判断されれば死刑が宣告されることもあったが、現実には警察の監視も行き届かなかったから、肉や農作物を闇で売る農家はあとを絶たなかった。

ともあれ、彼のもとでのラルフの潜伏生活が実現したのは、それまでラルフの面倒をみていたユダヤ人フライネスとドイツ人農場主フライシャーが、ともに闇市に出入りしていたからこそである。闇市は、救援者と潜伏者をつなぐ出会いの場としても機能していたことがわかる。

さらに、人びとが闇で物資を入手できる場所は闇市だけではなかった。多くの農場主は、自分の農場で生産した野菜や肉、バター等の一部を正規のルートで卸さず、手元に保管していた。食料を求めて訪ねてくる人びとに割高の値段で売るためである。農場主のなかには、ラルフを匿ったフライシャーのように自ら生産品を持参して闇市で商いをする者もいれば、訪ねてくる都市生活者に法外な値段を要求する者もいた。

救援グループ「エミールおじさん」の女性ジャーナリスト、フリードリヒは、潜伏者から預かった財産を食料品と交換するため、たびたび農村に出向いたが、農場主の貪欲さに辟易し、日記のなかで「彼らはベーコンを服地と、卵を装身具と、バターを絹の靴下と交換する」と嘆いている。

### 偽造身分証明書

「地下に生きる」とは、表向きはこの世に存在しない人間として生きることである。それには二つの方法があった。ひとつは潜伏先から一歩も外出せず、救援者以外の誰にも気づかれないように生活することである。ただ、この方法は人びとが密集するベルリンのような大都市ではほとんど不可能だった。もうひとつは、ユダヤ人としての過去の痕跡を完全に消し去り、別人になりすますことである。偽造身分証明書は、自分が「ユダヤ人ではない」ことを公的に証明する唯一の手段であった。身分証明書の携帯が義務づけられていたナチス・ドイツで、ユダヤ人が潜伏先から一歩でも外に出ようとすれば、偽造身分証明書の所持は必須だった。身分証明書を入手する方法は三つあった。救援者から譲り受けるか、闇で入手するか、盗むか、である。

潜伏生活に入る前、ルート・アブラハムは、マリア・ニッケルに彼女の身分証明書を譲ってほしいと頼んだ。マリアはルートの求めに応じ、郵便局から発行された郵便局利用のための証明書を譲った。ルートは「マリア・ニッケル」と氏名が記載されたその証明書に自分の写真を貼り付けた。マリア自身は後日証明書の遺失を届け出て、再発行を受ける手はずであった。

さらに、ルートの夫ヴァルターはマリアの夫ヴィリの国防軍兵士としての証明書を譲ってもらえないかと申し出た。当時ドイツには、ドイツ国民であることを示す身分証明書をはじめ、勤務先から発行される職員証、運転免許証、郵便局利用のための証明書、兵役に就いている者に発行される国防軍の証明書など多くの種類の身分証明書があった。より公的な意味あいの強い証明書であればあるほど、潜伏者の身を守るうえで有益だった。国防軍の証明書となれば、身を守る証明書として申し分ないとヴァルターは考えた。

だが、国防軍の証明書が欲しいと求められた瞬間、マリアの顔が強張《こわば》った。彼女は即答を避け、帰宅後この話を夫ヴィリに相談した。マリアの話を聞いたヴィリも驚愕した。もしそんなことがナチスに発覚したら、俺は銃殺だ。幼い子どもたちを抱えて、お前ひとりでどうやって生きていくのかとヴィリは言った。ヴィリとマリアには、幼いふたりの息子がいた。トラックの運転手をしているヴィリは、ナチスに批判的だった。国家が禁じた国外ラジオを傍受し、警察から警告を受けたことさえあった。国外ラジオの傍受は政府に反旗を翻す行為であり、重大な取り締まりの対象だったからである。だがそのヴィリでさえ、発覚すれば間違いなく死が待つ行動には、さすがに同意できなかった。

夫を危険な目に遭わせることはできないとマリアも思った。それでもヴィリは、その代わりにと運転免許証を差し出してくれた。アブラハム夫妻は失望したが、何もないよりはましだと思いなおした。

こうしてルート・アブラハムは「マリア・ニッケル」として、夫ヴァルターは「ヴィリ・ニッケル」として潜伏生活を開始することになったのである。

ユダヤ人のために自分たちの身分証明書を差し出すドイツ人はニッケル夫妻のほかにも大勢い

たし、偽造身分証明書は闇市でも売られていた。値段は、証明書の種類や偽造の精巧さによってさまざまだったが、ルートによれば、多くは三百から四百マルクほどであったという。潜伏者のなかには、この身分証明書の偽造に関与する者もいた。二十歳の潜伏ユダヤ人シオマ・シェーンハウスは、巧緻な手作業に長けていた。彼は救援者からの依頼を受け、精緻な偽造証明書を大量に作成した（シェーンハウスらによる偽造証明書製作の詳細は、次章で詳述）。

潜伏者のなかには「本物の」身分証明書を入手できた幸運な者もいた。

ベルリン市ハッケシャーマルクトを管区とする第十六警察署の署員たちは、職務上の権限を利用してユダヤ人の救援に手を貸した。彼らはユダヤ人たちのもつ証明書が偽造であることを承知のうえで警察署の公印を押し、「正式な証明書」としてのお墨付きを与えた。

戦局が悪化し、各都市の役場も空襲で破壊されるようになると、ドイツのあちこちで、住民記録の一切が失われる事態が起きた。首都ベルリンでは、空襲難民を保護するために臨時の役場を設け、簡単な自己申告だけで彼らに新たな身分証明書を発行し、仕事や住居、食料配給券まで発給して便宜をはかった。救援者のなかには、この状況に乗じて潜伏者に正式なドイツ人としての身分証明書を取得してやる者もいた。

偽造身分証を確保し、非ユダヤ人として生き延びようとする一方で、潜伏者たちは、いつかナチス支配が終わったときのために自分がユダヤ人である証拠を残しておきたいと考えた。ラルフ・ノイマンと姉のリタは、父親が眠るユダヤ人墓地を掘り返し、再びそれを使える日が来ることを信じて、そこに自分たちの本当の身分証明書を隠していた。

| 回 | 日付 | 移送先収容所 | 人数 |
|---|---|---|---|
| 39 | 1943 年 6 月 28 日 | アウシュヴィッツ | 297 |
| 40 | 1943 年 8 月 4 日 | アウシュヴィッツ | 99 |
| 41 | 1943 年 8 月 24 日 | アウシュヴィッツ | 50 |
| 42 | 1943 年 9 月 10 日 | アウシュヴィッツ | 53 |
| 43 | 1943 年 9 月 28 日 | アウシュヴィッツ | 74 |
| 44 | 1943 年 10 月 14 日 | アウシュヴィッツ | 74 |
| 45 | 1943 年 10 月 29 日 | アウシュヴィッツ | 50 |
| 46 | 1943 年 11 月 8 日 | アウシュヴィッツ | 50 |
| 47 | 1943 年 12 月 7 日 | アウシュヴィッツ | 55 |
| 48 | 1944 年 1 月 20 日 | アウシュヴィッツ | 48 |
| 49 | 1944 年 2 月 22 日 | アウシュヴィッツ | 32 |
| 50 | 1944 年 3 月 9 日 | アウシュヴィッツ | 32 |
| 51 | 1944 年 4 月 18 日 | アウシュヴィッツ | 30 |
| 52 | 1944 年 5 月 3 日 | アウシュヴィッツ | 30 |
| 53 | 1944 年 5 月 19 日 | アウシュヴィッツ | 24 |
| 54 | 1944 年 6 月 15 日 | アウシュヴィッツ | 29 |
| 55 | 1944 年 7 月 12 日 | アウシュヴィッツ | 30 |
| 56 | 1944 年 8 月 10 日 | アウシュヴィッツ | 38 |
| 57 | 1944 年 9 月 6 日 | アウシュヴィッツ | 29 |
| 58 | 1944 年 10 月 12 日 | アウシュヴィッツ | 31 |
| 59 | 1944 年 11 月 24 日 | アウシュヴィッツ | 28 |
| 60 | 1944 年 12 月 8 日 | ザクセンハウゼン／ラーフェンスブリュック | 15 |
| 61 | 1945 年 1 月 5 日 | アウシュヴィッツ | 14 |
| 62 | 1945 年 2 月 2 日 | ザクセンハウゼン／ラーフェンスブリュック | 25 |
| 63 | 1945 年 3 月～4 月 | ザクセンハウゼン／ラーフェンスブリュック（計画のみ） | 24 |

ベルリンからの強制移送②（1943年6月19日の「ユダヤ人一掃」宣言から終戦まで）（マイヤー他編　前掲書およびヤー『ベルリンからのユダヤ人移送』による）

潜伏者たちは「今」を生き延びるために偽造身分証明書を確保し、「未来」のためにユダヤ人の証を守り抜こうとした。だが、彼らが生き抜くためには、さらにもうひとつ重要な手続きがあった。それは潜伏に際して、自分の「死の証拠」を作ることであった。出頭命令に従わず、姿を消した潜伏者たちは行方不明者名簿に登載され、ナチスの追跡対象となっていた。「ユーデンフライ」を宣言した後も、ナチスは潜伏者を追い続けたのである。敗戦直前まで続いた収容所移送は、その熾烈さを物語る。

「死の証拠」を偽造するため、ユダヤ人のなかには、潜伏の際自宅に遺書を残す者もいた。ベルリンに住むあるユダヤ人家族は、自分たちは自殺する、もし遺体を発見したらどうか家族一緒に葬ってほしいと書き置きを残して自宅を出た。だが彼らはのちに、救援者を介してゲシュタポが自分たちを捜索していると知らされた。ゲシュタポは遺書などまったく信用していなかったのである。

**隠れ家にゲシュタポが現れた——ルート・アブラハム夫妻**

救援者にとって身分証明書の提供は、自分以外にもうひとり自分の名を名乗る人間が存在することを意味した。そうした行動の前提には、大都会ベルリンでその事実が発覚する可能性は低いだろうとの見通しがあった。だがもし証明書を与えた相手が逮捕されれば、救援者もゲシュタポの取り調べの対象となり、危険に巻き込まれる可能性があった。

ルート・アブラハム夫妻がヴァルテブルフの農村で潜伏生活を始めてから五か月が経過した。

ある朝ルートは、車のエンジン音で目を覚ました。窓から外を見た彼女の目に、二人のゲシュタポの姿が飛び込んできた。次の瞬間、ひとりが小屋のドアを乱暴に叩くと、応答も待たずに入り口の扉を開け、小屋に上がり込んできた。もうひとりは、銃を構えて入口に立った。

「身分証明書だ！　身分証明書を出せ」

ゲシュタポは怒鳴った。

ヴァルターはヴィリ・ニッケルから譲り受けた運転免許証を差し出した。

「名前は？　住所は？」

ルートは、絶望に襲われた。ゲシュタポの手にかかれば、自分たちが「ニッケル夫妻」でないことなど、すぐに露見するに違いない。この五か月の間、自分たちはニッケル夫妻から譲り受けた身分証明書があれば安全だと思い込んでいた。なんと愚かだったのだろう。マリアもヴィリも強制収容所に送られてしまうのだろうか。あんなにいい人たちなのに。自分たちを助けようとして、精一杯の友情と勇気を示してくれたのに。

ゲシュタポは、ふたりから身分証明書を取り上げると、ここを動くなと命じ小屋から出ていった。最寄りの警察署に行き、証明書の真贋を調べるつもりなのだろう。一刻も猶予はない。ヴァルターは小屋にあった自転車にまたがると、全速力でどこかへ走り去った。ルートは、潜伏生活開始前にベルリンのゴミ捨て場から拾ってきていた古い乳母車にレーハを乗せると、顔見知りの農場主のもとに急いだ。

「お願いです、すぐに駅まで連れていってください。子どもが急病で、町の病院に行かなくちゃいけないんです」

ただならぬ気配を察した農場主は、何も問わず、ルート母子を馬車で最寄り駅まで送ってくれた。駅に着くと、そこには自転車で先に出発していたヴァルターもいた。ふたりが小屋を離れてからおよそ十五分が経過していた。今ごろゲシュタポはすでに小屋に戻り、ふたりの逃亡に気づいているに違いない。

そのとき、駅のホームに列車が入ってきた。夫妻はレーハを連れてその列車に飛び乗った。ベルリンに着くと、ルートは公衆電話からマリアに連絡した。事の次第を伝え、警告するためである。だが、マリアはルートたちの身に起きたことを知っていた。

その日すでにマリアたち夫妻もゲシュタポの取り調べを受けていた。マリアはアブラハムなどというユダヤ人は知らないし、そもそもユダヤ人の知人などいない。自分たちは身分証明書を盗まれた被害者だと突っぱねた。取り調べは夫婦別々に行われた。マリアは小心の夫を心配し、自分はいつも朝早く仕事に出てしまうから、昼間起きたことは何もわからない、きっと家内が知っているだろうと答えればよいと事前に念を押した。

ゲシュタポはマリアとヴィリの「証言」を信用し、ふたりは釈放されたが、この事件はルートの心に深い傷と悔恨を残した。あなたたちの力になりたいと言ってくれたマリアを、自分は危険にさらしてしまった。これから先、もうマリアに頼ることはすまい、自分たちの潜伏生活に彼女を巻き込むのはやめよう。ルートはそう心に誓ったのである。

## 潜伏者の子どもたち

すでに述べたように、潜伏とは多くの場合一か所の隠れ場所にじっと身を潜め続けることではなく、絶えず逃げ続けなければならない生活を意味した。少しでも危険を察知すれば、即座にその場を離れ、次の隠れ場所を探さなければならない。しかも潜伏先によっては、そこに人がいる気配すら悟られないよう注意する必要があった。

こうした状況のなかで、多くの潜伏者たちは家族と離れ、別々に生き延びる道をさぐった。大勢での行動は人目につきやすく、いざというときの判断も遅れがちになる。彼らを匿う側のドイツ人にとっても、周囲に怪しまれず複数の人間を保護することは極めて困難だった。

逃げ続ける日常は、体力的にも精神的にも過酷だったが、とくに幼い子どもの存在は親たちの重荷となった。子どもにとっても、理由を理解できないまま行動を極端に制約され、声を出すことも足音を立てることも禁じられる生活は苦痛そのものだった。

成人の潜伏者を匿うことが困難なドイツ市民のなかには、せめて親たちが潜伏生活を継続できるようにと、彼らの子どもを預かり、世話する者もいた。

ヴァルテブルフの小屋にいられなくなったルート・アブラハムとヴァルターは、路上生活を送りながら次の潜伏先を探した。一九四三年夏になると、ベルリンの町には空襲で焼け出されたドイツ人の路上生活者も大勢みられるようになっていた。だが、大人である自分たちはともかく、まだ赤ん坊のレーハに路上生活をさせるわけにはいかなかった。レーハには安全な場所が絶対に必要だとルートは思った。どうしたらよいのか。身分証明書の事件のことを思えば、マリアに頼りたくはなかったが、結局ルートにはマリア以外に頼れる者がいなかった。その後しばらくの間、マリアはレーハを預かり、夜は自分の息子たちと一緒に子ども用のベッドで寝かしつけてくれた。

こんな事例もある。ベルリン郊外の村に住む五十代の主婦エンマ・ベッサーは、知り合ったばかりの潜伏ユダヤ人の子どもを預かった。あるとき彼女は、子どもを抱えて難儀する若いユダヤ人夫婦と出会った。子どもは三歳になったばかりだった。ベッサーは即座に「私が預かってあげるわ」と伝え、そのまま自宅に連れて帰ったのである。

**私たちにもうひとりの子どもを——ダゴベルト・レヴィン夫妻**

「ブラウン博士」のアパートを出たダゴベルト・レヴィンと妻イルゼの息子クラウスを預かってくれたのは、ベルリン郊外に住むクズィツキー夫妻だった。クズィツキーはダゴベルトの知り合いではなかったが、両親の時代からダゴベルト一家と付き合いのあったドイツ人歯科医が「信頼できる人物」として紹介してくれたのである。

クズィツキー夫妻は確信的な反ナチ主義者だった。窮状を訴えるダゴベルトに、夫妻は言った。「わかりました。喜んであなた方ご家族の手伝いをしましょう。ただ、私どもの家は、あなた方三人全員が潜伏できるほど安全ではありません。ですからあなたと奥様は引き続き、別の隠れ場所を探してください。次の居場所が見つかるまでは、我が家にいてくださって構いません。そして……」。クズィツキーは言葉を続けた。

「あなた方おふたりに新たな潜伏先が見つかったら、お子さんはどうぞ私どものところに置いていってください。責任をもってお守りします」

クズィツキーは言った。ユダヤ人に対するナチスの仕打ちに憤りを感じているドイツ人は決して自分たち夫婦だけではない。心ある者は皆、ユダヤ人の苦難を見過ごすことができず、何か行動しなければと思っている。だが一方で、ナチスの報復に怯え、良心と恐怖心の狭間で葛藤しているのだ。私だって、本当はあなたたち全員を匿えたらどんなに良いだろうと思う。けれどもそれはできない。だからせめて、幼いクラウスだけは私たちが守る、と。そしてこう付け加えた。

「レヴィンさん、私たちには息子がひとりおります。ハインツという名です。けれども私たちは、本当はもっとたくさん子どもが欲しかったのです。もしあなたが私たちにクラウスを預けてくださったなら、あなたが救うことができるのはクラウスだけではありません。あなたは、私たちがずっと願い、授かることのできなかったもうひとりの子どもを私たちに与えてくださることになるのです」

## 空襲と防空壕

一九四二年になると、連合国軍はそれまでの軍事施設に加え、一般の人びとが暮らす住宅地域を新たに爆撃の標的とした。住居の密集する地域を重点的に爆撃し、人的資源を抹殺することでドイツの生産能力を削ぐことが狙いだった。同年八月、イギリス首相チャーチルはソ連の指導者スターリンに対して「我々はこの戦いにおいて、ドイツの都市という都市の建物をひとつ残らず破壊したいと思っている」と伝えている。

かくしてドイツの町は戦場となり、昼夜を分かたず爆弾が降り注いだ。

空襲によるドイツ市民の被害は甚大であった。第二次世界大戦末期だけで、六十万人の民間人が死亡し、三百五十万の住宅が破壊され、七百五十万人が焼け出された。だが、空襲によってドイツ市民以上の危険にさらされたのが、潜伏ユダヤ人たちであった。

ドイツの各都市で、防空壕や避難のための地下室が作られたが、こうした避難場所はそこに暮らすドイツ人住民のためのものであり、表向きはこの世に存在しないはずの潜伏ユダヤ人が入ることはできなかった。潜伏先の家族が戸建て住宅に住み、地下に家族専用の避難場所が確保されていれば、潜伏者は救援者家族と一緒にそこを利用することができたが、そうでなければ、潜伏者たちは無防備で爆撃にさらされた。とりわけ潜伏先が集合住宅である場合には、その部屋が何階にあるのかは、生死を分ける重大な問題となった。もし潜伏先の部屋が建物の最上階であれば、その建物に爆弾が落ちたら即死を覚悟しなければならなかったからである。

**屋根の真下の隠れ家で——ルート・アブラハム母子**

ヴァルテブルフの潜伏先を出たルートと夫ヴァルターは、夫婦別々に潜伏先を探した。ほどなくヴァルターは、長年の友人だったゲーデというドイツ人老夫婦に匿われた。ゲーデ夫妻はベルリン市郊外のツォイテンという小都市に住んでいた。男性が皆兵役についている当時のドイツで、健康そうに見える適齢の男性がいつまでも路上生活を続けることはあまりにも危険だった。ルートは夫の安全がひとまず確保されたことに安堵したが、彼女自身は、レーハを連れ、あちこちの潜伏先を転々とする生活が続いた。

匿ってくれる相手を探し求めるうち、ルートは知人のなかに駐独オランダ大使がいたことを思いだした。だが当時のオランダはナチス・ドイツの占領下におかれていた。ナチスの支配下にある大使館の人間など信用してよいのか不安にかられたが、ルートは藁をもつかむ思いでレーハを連れてベルリンのオランダ大使館に出かけて行った。立派なスーツに身を包んだ大使の姿を見た途端、ルートは自分たちの身なりの酷さに気おくれした。レーハは垢と涎《よだれ》で全身べとべとだったし、ルートの服はシミだらけで靴はぼろぼろだった。だがそんなことを気にしている場合ではない。ルートは必死に訴えた。

「お願いです、助けてください。私は子どもと路上で生活しています。あなたの助けが必要なんです。もし助けていただけないのなら、私、死にます。この部屋の窓から飛び降りて自殺しますから！」

オランダ大使は善人だった。彼はルートの窮状に心を痛め、ふたりを自宅に匿うと言ってくれた。だが残念ながら、それはルートにとって受けることのできない申し出であった。大使公邸は、かつてルートたちが暮らしていた家のすぐそばにあった。万一にも近隣住民に顔を見られれば一巻の終わりである。

そのとき、そばで話の一部始終を聞いていたショットという名のドイツ人秘書が、ルートを自宅アパートに匿うと申し出た。こうしてルート母子はようやく、路上生活から抜け出すことができた。とはいえ、残念ながらショットの自宅も安全ではなかった。空襲が激化する中、ショットの部屋は五階建てアパートの最上階、まさに屋根の真下にあったのである。

## 「ドイツ人」として働く

ここまで見てきたように、ユダヤ人たちは隠れ家に身をひそめ、偽の身分証明書をもち、救援者から食料の援助を受けたり、ときには闇市で生活物資を手に入れた。だが、救援者の援助や闇市だけでは命をつなぐために必要な物資を確保するのは困難であったし、何より闇市で物を買うには金が要る。

潜伏者のなかには、「ドイツ人」として仕事をし、生活費を稼ごうとする者も少なくなかった。「エミールおじさん」のメンバーをはじめ、多数の救援者たちに助けられて潜伏生活を送ったユダヤ人音楽家コンラート・ラッテは、ベルリンの国立歌劇場で「ドイツ人音楽家コンラート・バウアー」として働いた。さらに一九四三年には国防軍兵士の慰問のためのコンサートツアーに指揮者として採用されている。これ以後、ツアー先の滞在ホテルはラッテの「隠れ家」となった。

働いて収入を得ていたユダヤ人はラッテの他にもいた。すでに述べたように、ラルフ・ノイマンと姉リタは一時期、それぞれ住み込みの労働者として雇われている。ラルフは農場主フライシャーのところで農作業の手伝い、リタはザルツヴェデルに住む夫婦のもとで家政婦の仕事に従事した。住み込みの労働は、潜伏者はもとより、救援者にも利益をもたらすものだった。潜伏者は衣食住を保障されるうえに、周囲の目をかわして「ドイツ人」として生活する場を得ることができたし、一方、救援者にとっても、戦争が長期化し、人手不足が深刻化するなかで働き手が確保できるのはありがたいことだったのである。

ダゴベルト・レヴィンは「ブラウン博士」のアパートを出た後、機械整備の技術を生かしていくつもの職場で働いた。自動車整備工場でナチス幹部の車を修理することもあった。雇用主のなかには、ダゴベルトがユダヤ人であることを知っている者もいた。工場主はダゴベルトに言った。「君が誰であろうと別に構わないよ。ちゃんと働いてさえくれればね」。

前述のユダヤ人女性インゲ・ドイチュクロンの母エラは、ベルリンの印刷所経営者テオドール・ゲルナーのもとで従業員として働いた。精力的にユダヤ人救援活動を行っていたゲルナーは、エラを偽名で雇い、他のドイツ人従業員と同額の賃金を与えた。さらにエラは、街なかに貼られた「家庭教師求む」の広告に応募し、ドイツ人の家庭で家庭教師まで務めた。エラの指導力は保護者の間で評判となり、あっという間に大勢の生徒を抱えるようになった。この仕事でエラはよい給金を稼ぐようになったが、生徒たちの父親は全員がナチスの親衛隊員だったという。娘のインゲのほうは、当初視覚障害をもつドイツ人救援者オットー・ヴァイトが経営する「盲人作業所(Blindenwerkstatt)」を手伝っていたが、雇われていたユダヤ人障害者が次々に移送され、作業所の経営が困難になると、別の救援者が経営する書店に移り、なんと店頭で接客まで担当した。書店にくる客たちは、インゲがドイツ人であることを疑わなかった。それを象徴するエピソードがある。あるときインゲは、なじみの客から「あなたは信頼できる人のようだから、自分が匿っているユダヤ人の世話を手伝ってもらえないか」と懇願されたのである。そのほかにも、潜伏者のなかには針子や新聞配達をする者もいたし、オペラ座の端役として舞台に立つ者までいた。

労働が潜伏者たちにもたらす価値は収入だけではなかった。大多数の潜伏者にとって、一切誰の目にも触れず、完全に気配を消して隠れ続けることなど不可能だった。たとえ一切部屋から出ず、息を潜めて日々を過ごしていても、いつの間にか近隣住民は不審な者の気配を感じ、疑う。昼間どこにも行かず、何の仕事もせずに潜伏先に滞在し続ければかえって近所の者に怪しまれた。加えて潜伏者自身にとっても、毎日することもなく、部屋から一切外に出ることもできず、ひたすら隠れ続ける日常は、精神を蝕まれるほど苦痛であった。潜伏者の多くが働いていた事実は、人間が生きるうえで「労働」がいかに重要な意味をもつかを物語るものでもある。

## 医療

過酷な潜伏生活にとって、病はとくに深刻な問題のひとつだった。救援者のなかには医師や看護師などの医療従事者もいたから、潜伏者が病気にかかった場合、秘密裡に治療を行うのはそうした人びとの役割であった。医師や看護師の資格をもつ者のなかに、ユダヤ人救援活動にかかわった者がどの程度いたかは不明だが、精力的な活動者のなかには、「エミールおじさん」のメンバーや教誨牧師ハラルト・ペルヒャウ（ペルヒャウについては、第三章で詳述）とも協力関係にあったベルリンの大病院シャリテーの勤務医ヴァルター・ザイツもいた。ルート・アブラハムの出産に立ち会ったのは、ドイツ人の妻をもつユダヤ人医師ベンノ・ヘラーだった。ヘラーと同じくドイツ人の妻をもつユダヤ人医師のグスタフ・ヘルトは、ユダヤ人障害者の救援に奔走していた視覚障害をもつドイツ人救援者オットー・ヴァイトに協力し、ヴァイトが匿うユダヤ人の治療を引き受けていた。

とはいえ、多くの潜伏者は病になっても医師にかかることも、薬を手に入れることもできなかった。さらに、潜伏者の病は彼らを匿う救援者にとっても深刻な問題だった。罹患した病気が感染症であれば、救援者は近隣住民に一切悟られないよう、家じゅうを消毒する必要があったし、病が悪化して死亡すれば、秘密裡に遺体を処理しなければならなかった。ベルリン市の公園には、朝早く身元不明の遺体が転がっていることがあった。そのなかには、救援者たちが深夜のうちに人目を避けて運び出したユダヤ人の遺体もあったと考えられる。

### 私も「完全な」アーリア人ではないんですよ――ルート・アブラハム母子

オランダ大使秘書のショットに匿われたころから、ルートは日常的に腹痛を抱えるようになった。ある日、とうとう痛みに耐えきれなくなった彼女は一軒の病院に駆け込んだ。ルートを一目見てユダヤ人だと察した医師は、彼女の耳元に顔を寄せると、こうささやいた。「じつは私も、『完全な』アーリア人ではないんですよ」。医師はルートの症状はまったく心理的な原因によるものだと伝え、気もちをしっかり、そして穏やかに保つようにと助言した。その後ルートは、医師のこのことばを何度も思い返しては、自分の心を立て直した。

ルートが抱えていた心理的負担は、ゲシュタポに発見されることへの恐怖に加えて、たったひとりで幼いレーハを守らなければならない不安によるところも大きかっただろう。そのレーハがある日突然病気になった。腫れあがった顔を見てルートはうろたえた。潜伏者をひそかに診察してくれる町医者に連れて行くと、こう言われた。「気の毒だが、うちで治療するのは無理だ。大きな病院に連れていかないと」。

だが、大きな病院に行けば必ず身分証明書の提示を求められる。ルートは途方に暮れた。悩んだ末、ルートが連絡をとった相手はやはりマリアだった。ルートにとってマリアはたったひとり、心から信じることのできる相手だったのだ。幼い子どもをもつ母親同士としての親近感もあった。マリアはレーハの身をわが子のように心配してくれていた。

電話口でマリアはすぐに言った。

「心配ないわ。簡単なことよ。私が大学病院に連れていくわ」

だがレーハはマリアの子どもではないし、マリア自身には女の子どもはいない。病院でマリアはレーハとの関係をどう説明するのだろうか。マリアにとっても、それは決して容易なことではないはずだった。

診察を終え、レーハを抱いて待ち合わせ場所に現れたマリアは、そのことについて一切語らなかった。マリアはただ、「大丈夫。すぐによくなるそうよ」とだけ言い、ルートの腕にレーハを返したのである。

## 3　救援者たち

### ユダヤ人に手を貸した人びとは何者か

このように見てくれば、潜伏者が生き延びるためにいかに多くのものを必要としたかがわかる。しかもその大半は、ユダヤ人が自力で手に入れることは困難であった。潜伏者の生活の陰には、彼らに手を差し伸べ続けるドイツ市民の存在があったのである。「はじめに」にも記したように、ユダヤ人に手を貸した人びとは、もっとも少ない見積もりでもドイツ全体で二万人程度はいたと考えられている。そのうち、現在までに氏名等が判明している人びとは九千五百人ほどである。

救援者の多数を占めていたのは、女性だった。当時男性の圧倒的多数は前線にいたからである。独身者もいたが、夫を戦場に送っている既婚女性が多かった。男性の救援者については年配者が主であったが、なかには少年や兵役を免除されている障害者もいた。

なお、本書のテーマから少しそれるが、国防軍兵士千八百五十万人のうち、占領地などでユダヤ人救援に関与した者が百人ほどいたという。違反すれば死が待つ過酷な軍律のもとで、ユダヤ人に手を貸した兵士たちがいた事実は驚きである。

救援者とはいかなる人びとで、なぜユダヤ人に手を貸したのか。この疑問については、これまで多くの研究者が追究してきたが、結局すべての救援者にあてはまる思想や属性は見出せないという。

とはいえ、当然のことながら、救援者の多くはヒトラーやナチス体制に対して批判的な人びとだった。ナチスが敵対視した共産党や社民党の支持者も、もちろんいた。だが、全員がそうだったわけではない。救援者のなかには政治に無関心の者もいたし、少数ではあるがナチスの支持者もいた。

では、彼らをユダヤ人救援へと突き動かす要因は何だったのか。

## せめて誰かひとり救おう——マリア・ニッケル

ルート・アブラハムとその一家を助けたマリア・ニッケルの場合、彼女がユダヤ人を救おうと決意した背景には、両親の影響、カトリック教徒としての信仰心に加え、十代の頃に経験したユダヤ人との交流があった。マリアは一九一〇年、ベルリンに生まれた。父親は石工だった。働き者で慎み深く、信仰心の篤い両親の人間性はマリアに大きな影響を与えた。マリア自身もまた、放課後は友だちと遊ぶよりも静かに家で本を読むほうが好きな、内省的な子どもだった。

マリアは、国民学校を卒業すると十三歳で仕事に就いた。一家は貧しく、上級の学校に進学する経済的余裕がなかったからである。最初の仕事は住み込みの家政婦だったが、内気ではにかみやのマリアは、仕事にも勤め先の家族にもなじめず、重度のホームシックにかかった。その後も彼女はどこに行っても職場になじめず、社会での適応に悩み苦しんだ。そのマリアを初めて温かく迎えてくれたのが、ベルリン市にあるユダヤ人経営の不動産会社だった。経営者も、五十人ほどいたユダヤ人従業員たちも、皆マリアに優しくしてくれた。この職場で働いたのは十八歳から二十一歳までの三年ほどだったが、彼女には彼らと過ごした幸せな月日が忘れられなかった。その後ナチスが台頭し、ユダヤ人が追い詰められていく状況を目の当たりにするたび、マリアはかつての同僚たちを思い出し、あの人たちはどうしているだろうと心を痛めた。

マリアがユダヤ人を救おうと決意したのは、一九四二年の秋に起きたある出来事がきっかけだった。その日マリアは市場でぶどうを購入した。戦局が悪化するなかで、新鮮な果物はめったに手に入らないものになっていた。我が子の喜ぶ顔を思い浮かべ家路を急ごうとしたとき、マリアは店先のぶどうを悲しげに見つめるユダヤ人の子どもたちに気付いた。ユダヤ人が果物を買うことはとっくに禁じられていた。マリアは周囲に気付かれないよう、買ったばかりのぶどうを素早く子どもたちに手渡した。

市場で見た子どもたちの哀れな姿は、マリアにかつての同僚を再び思い起こさせた。だが、ナチス政権成立以来、ドイツ人はユダヤ人との交際を禁じられ、マリアには彼らの消息を探る術《すべ》さえなかった。優しかった同僚たちの代わりに、せめて誰かひとり、ユダヤ人を救おうと彼女は神に誓った。この決心から間もなく、彼女は偶然ルートと出会ったのである。ある日幼い息子たちを連れて買い物に出かけたマリアは、工場から出てきたひとりのユダヤ人の女性に目を奪われた。女性は身重のようだった。体調が悪いことは一目でわかった。この人を助けよう。マリアは誓いを行動に移すときが来たのだと確信した。

## 大切な人を失ったかわりに

マリアのように、過去に出会ったユダヤ人の記憶が救援活動を決意する動機となった例は他にもあった。ユダヤ人弁護士フランツ・カウフマンの秘書的存在として、彼のユダヤ人救援活動に協力したドイツ人ヘレネ・ヤコブスもそのひとりだった（カウフマンとヤコブスの活動については、次章で詳述する）。ヘレネの両親は学校の教師だった。ヘレネ自身も頭脳明晰な少女だったが、父親が早くに亡くなったため、大学への進学はかなわなかった。一九二四年、十八歳のときヘレネはバーシャルという名のユダヤ人弁理士の秘書となった。弁理士はヘレネに目をかけ、彼女に勉学の機会を与えてくれた。なかでもヘレネの目を開かせたのは、弁理士の周りに集うユダヤ人サークルへの出入りだった。ノーベル賞受賞者をはじめ、さまざまな知的職業人たちが集うこのサークルは、ヘレネにそれまで知ることのなかった知の世界を教えてくれた。彼らとの出会いに強い印象を受けたヘレネは、ユダヤ人への敬意を深く心に刻んだのである。一九三九年七月、バーシャル夫妻はヘレネの助力もあり、アメリカに逃れることができた。だが、ヘレネが尊敬してきた他の多くのユダヤ人たちについては、マリアの場合と同様に消息を知ることさえできなかった。

元女子ギムナジウム教師エリザベート・アベック（第一章参照）には、長年の親友であったユダヤ人女性アンナ・ヒルシュベルクがいた。アベックとヒルシュベルクは、ともに博士号を取得した第一世代の女性として互いに尊敬しあってきた。独身だったアベックにとって、同じく独身であったヒルシュベルクは、人生のパートナーのような存在ですらあった。

一九四一年十月に強制移送が開始されると、アベックはヒルシュベルクの身を案じ自宅に匿うと申し出た。だが、ヒルシュベルクは首を縦に振らなかった。六十一歳のヒルシュベルクはこのとき眼病を患っていた。彼女は言った。自分はもう高齢だ。それに病も抱えている。そんな自分が、過酷な潜伏生活に耐えられるとは思えない。それに何より、自分のためにあなたを危険にさらすことはできないと。ヒルシュベルクは翌年テレジエンシュタットに移送され、さらにそこからアウシュビッツに移されて一九四四年に絶命した。その後アベックは、救援仲間たちとともに精力的に救援活動を展開したが、その根底にあったのは、ヒルシュベルクを救えなかったことへの深い喪失感であった。

マリア・ニッケル、ヘレネ・ヤコブス、そしてエリザベート・アベックの三人に共通するのは、かけがえのないユダヤ人の友人・知人の存在である。だが彼女たちは、自分の大切な人びとを救うことができなかった。その苦悩は、彼女たちを見ず知らずのユダヤ人を救う決断へと導いたのである。

こうした例は、彼女たち以外にもある。たとえば、ベルリン市に住む若い独身女性クレール・コッハンは一九四二年秋、初対面のユダヤ人女性に「身を隠す場所はもう確保していらっしゃいますか」と尋ね、もし行くところがないなら自分が匿うと申し出た。コッハンには看護師として働くユダヤ人の親友がいた。だがその女性は一年前にポーランドに移送されてしまった。それ以来コッハンは、友人にしてやれなかった代わりに、別の誰かを救おうと考え続けていたのである。

## 多様な動機

一方でこんな事例もある。ラルフ・ノイマンを一時期匿った農場主のフライシャーは、第二次世界大戦開戦当時、国防軍兵士としてポーランド侵攻に動員された。だが、そこで目の当たりにしたのは、ポーランド人に対するドイツ軍の残虐行為だった。この体験がトラウマとなり、フライシャーは精神を病んで除隊となった。彼をユダヤ人救援へと向かわせたのは、戦地で思い知ったナチス・ドイツの非道であり、虐殺行為に加担した自己への苦悩だったと思われる。

ゲシュタポを振り切って自宅から逃走し、ドイツ人税理士ブリューゼハバーに助けを求めたハンニ・ヴァイセンベルクは、五か月ほど友人たちの家に身を寄せたのち、映画館の切符売り場で働く年配の女性ヴィクトリア・コルツァーに匿われた。コルツァーには、病身の夫と出征中のひとり息子がいた。顔見知りになっていたハンニから助けを求められたとき、コルツァーの脳裏に浮かんだのは戦場にいる息子のことであった。もし自分がハンニに手を差し伸べれば、戦場にいるあの子も困ったとき、きっと誰かが助けてくれるに違いない。そうであってほしいとコルツァーは願った。そこで彼女は夫を説得し、ふたりが暮らすアパートにハンニを引き取った。

救援者のなかには、ナチスの高官さえいた。親衛隊高官の娘エラ・スティントには、潜伏ユダヤ人の恋人がいた。エラは恋人に夢中だった。娘可愛さにほだされた父親は、ユダヤ人青年を自宅に匿った。さらに、青年が町でゲシュタポの巡回に遭遇しても怪しまれないよう、自分の権限を利用して青年のために親衛隊員の身分証明書を偽造し、のちには制服まで支給してやった。

## 障害者たちに匿われて——ダゴベルト・レヴィン夫妻

家族全員を匿ってもらえると期待したクズィッキーから、子どもだけなら預かると告げられたダゴベルト・レヴィンは、自分と妻イルゼのために引き続き潜伏先を探さなければならなかった。

だが、匿ってくれる者はなかなか見つからなかった。そのときダゴベルトは、強制労働先の同僚だったドイツ人従業員ハインリヒ・シュルツを思い出した。一九四三年二月の工場作戦の朝、何も知らずに工場に行こうとしたダゴベルトにゲシュタポが来ている、逃げろと警告してくれた脚に障害のあるあのシュルツだ。最初に「ブラウン博士」を紹介してくれたのもシュルツだった。彼ならきっと自分を助けてくれるに違いない。

ダゴベルトはシュルツのアパートを訪ね、ブラウンの自宅を出た顚末を話した。もう一度、自分たちを匿ってくれる人間を紹介してほしいとダゴベルトが告げると、シュルツは困惑した表情で黙り込んだ。シュルツの妻は、迷惑そうな顔でダゴベルトを睨んでいる。彼女は自分たちを厄介なことに巻き込んでもらいたくないのだ。

しばらく沈黙が続いたのち、シュルツは意外なことを口にした。

「ダゴベルト、じつは俺は最近、元共産党員たちの秘密の集会に参加するようになったんだ」

なんだって？　シュルツが共産主義者？　ダゴベルトは絶句した。共産党は、ナチスが宿敵として徹底的に弾圧した相手であり、発覚すれば党員は死刑である。シュルツは言った。ナチスは障害者を人間扱いしない。自分は長い間それが許せなかった。だから妻とともに共産主義者たちの仲間となり、ナチスへの抵抗の意思を示したかったのだと。

ナチス期はユダヤ人だけでなく、障害者にとっても過酷な時代であった。多数の障害者が人体実験や「安楽死」の対象となった事実は日本でも知られているが、たとえ殺害の対象にならなくとも、障害者たちは社会の隅に追いやられ、しばしば人権を蹂躙された。シュルツは妻に言った。

ナチスはダゴベルトと俺たちにとって、共通の敵だ。だから俺たちは、本当は俺たち自身でダゴベルトを守るべきなんだ。

とはいえ、シュルツとその妻には自宅にダゴベルトを匿う覚悟をもつことはできなかった。シュルツは自己の心の弱さを悔やみながら、せめてその代わりにとふたたび自分に代わる人物を紹介してくれた。その人ならきっとダゴベルトを助けてくれる。彼は勇気があるとシュルツは言った。名はパオル・リヒターといい、元共産党員たちの集会で知り合った人物だという。

リヒターは視覚障害者だった。彼の妻レギーナも視覚障害者だった。リヒターは、自分たち夫婦の身の回りの世話をすることを条件に、ダゴベルトとイルゼを匿うことに同意した。障害ゆえに行動に制約のあるリヒターにとって、ユダヤ人を匿う行為は精一杯の反ナチ行動であり、自分なりの「革命」を行うせめてもの手段だったのだ。

## 「限界」のなかでできることを

救援者たちがユダヤ人に手を差し伸べた動機はさまざまだった。だが、救援者たちの事例から見てとれるのは、彼らを最後に行動へと駆り立てたのは多くの場合、政治的な主義や信条よりも、むしろ人間としての素朴な心情だったであろうということである。エルンスバッハという小村に住む六十代のある農夫は、自宅に顔見知りのユダヤ人を匿っていた。その後密告に遭い、逮捕された彼は、なぜ匿ったかと問われ「気の毒だと思ったからだ」と答えているが、このことばは農夫に限らず、多くの救援者に共通する最大の動機だったと思われる。

救援者たちは今日、しばしば「命をかけて」ユダヤ人を救った人びとと説明される。実際、彼らの行動はときに「結果として」命の危険を伴った。だが、だからといって彼らは必ずしも死を覚悟して行動していたわけではない。そうでないからこそ、救援者たちにはそれぞれ「助力できる限界」があったし、必ずしもユダヤ人の求めに全面的に応じたわけでもなかった。ユダヤ人救援者とは、決してユダヤ人のために命を投げ出そうとした人びとではない。むしろ戦火や密告に怯えながら、それでも「自分にできる精一杯の」行動を探ろうとした人びとこそ、ユダヤ人に手を貸した幾多の無名市民たちだったのである。

## 4　非常時下の「日常」

### ナチス崩壊を信じて

潜伏者たちは、救援者の助力を得ながら「ドイツ人」として生き続けた。彼らはドイツ人であることを示す偽造の身分証明書を携帯し、偽名を使って働き、闇で食料を手に入れた。表向きのドイツは、ナチスが喧伝する「ユダヤ人《ユーデン》が一掃《フライ》された」社会だったが、地下には救援者や潜伏仲間と深く結びつきながらユダヤ人たちが生きるもうひとつの世界があった。彼らはナチスが崩壊し、再びユダヤ人として生きられる日を信じて潜伏生活を続けた。一九四五年五月のドイツ降伏までの潜伏期間は人によって異なるが、短い者でも二年近く、長い者では三年半にも及んだ。だがそれは、逮捕を恐れ、飢えや物資不足にあえぎ、敵機の空襲から逃げ惑うだけの年月だったわけではない。極限状況のなかではあったが、時に人としての自然な営みや喜びを味わうこともあれば、「民衆」としての日常もあったのである。非日常の極致ともいうべき潜伏生活のなかで、彼らが経験した「日常」とはどのようなものだったのか。本章の最後に見ておきたい。

## 命の誕生

過酷な潜伏生活のなかで、ユダヤ人たちは次々に命を落としていった。ある者はゲシュタポに発見され、収容所に連行された。ある者は空襲の犠牲となった。極寒の冬のドイツで凍死した者や餓死した者、病に倒れた者、絶望し自ら死を選んだ者もいた。だが一方で、ナチス期のドイツには新たな命の誕生もあったのである。

ルート・アブラハムが潜伏生活に入る直前にレーハを出産したことは、すでに述べた。だが出産の前日、夫妻の自宅周辺ではユダヤ人が一斉摘発される出来事があった。身の危険を感じたルートと夫のヴァルターは外套を羽織り、自宅を抜け出した。どこか安心して出産できる場所を探さなければならなかった。ふたりは藁をもつかむ思いで、まだベルリンに残っていた唯一の身内であるルートの叔母マルタの自宅を訪ねた。年配のマルタがまだ移送を逃れていたのは、夫サリーがユダヤ教団職員だったからである。サリーはゲシュタポの支配下で、ユダヤ人同胞の移送を進める手伝いをさせられていた。

ルートたちの姿を見てマルタは狼狽した。マルタは言った。あなたたちは私にとって大切な身内だ。けれども夫は、あなたたちを匿うことを許さないだろう。私たち夫婦は、あなたたちより も自分の身の安全を優先しなくてはならないと。マルタの強張った顔を見て、ルートは自分たち夫婦がすでに移送者リストに載ったのだと直感した。

ルートたちは仕方なく、自宅に戻るために夜道を歩き始めた。空襲で爆撃を受けた家々が炎をあげていた。ユダヤ人を詰め込んだゲシュタポのトラックが道を走り去っていった。公衆電話の前まで来ると、ルートは助産師に電話をかけた。出産のときには来てもらえることになっていたからである。だが、電話口に出た助産師は不機嫌を露わにして言った。

「どうしてこんな夜中に電話してくるんですか！」

助産師は子宮口が五マルク硬貨くらいの大きさに開いたらまた連絡してくるようにと言い、ぶっきらぼうに電話を切った。

自宅に戻るとすぐに陣痛が始まった。ヴァルターが急いで医師を呼びに行った。出産に立ち会ったのは、ユダヤ人医師ベンノ・ヘラーと先刻夫妻を自宅から追い返した叔母のマルタだった。マルタはふたりを心配し、せめて出産を手伝おうとやってきたのである。

一九四三年一月十九日早朝、こうしてレーハは産声を上げた。レーハの顔を覗き込んだとき、ヴァルターが見せた輝くような笑みをルートは生涯忘れなかった。小さなこの命が決して重荷などではなく、かけがえのない、いとおしい存在であることを、このときヴァルターははっきりと理解したのである。

潜伏生活のなかで子どもをもつ選択をしたユダヤ人カップルは、アブラハム夫妻のほかにもいた。たとえばヴァルター・フランケンシュタインと妻のレオニーは、なんと潜伏生活のさなかに出産を迎えている。

ふたりは十八歳と二十歳の若いカップルだった。レオニーは一九四三年一月二十日、ユダヤ人病院で最初の子どもを産んだ。その後、レオニーは赤ん坊とともにブリーゼンホルスト（現ポーランド領）で、農家の女性に匿われた。夫はベルリンに残り、偽造身分証明書を使って仕事をしながら、妻と子どもの顔を見にときどき村を訪れた。最初の子どもを出産してから一年八か月後の一九四四年九月、レオニーは救援者が偽名で手配してくれた村の病院で二番目の子どもを出産した。その後レオニーはふたりの子どもを連れて夫のいるベルリンに戻り、夫婦は、終戦まで半年以上の間家族四人で潜伏生活をつづけたのである。

### 家族と過ごす時間のために——ルート・アブラハム夫妻

生まれてきた我が子は、親たちにとって勇気と希望の源であった。我が子を守るために、自分は強くならなくてはならない。いかなる苦難があろうとも生き抜かなくてはならないと彼らは思った。

夫婦別々に潜伏生活を送るようになって以来、ルートは夫ヴァルターと会うため、可能な限り頻繁にゲーデ夫妻のもとを訪ねた。子どものいないゲーデ夫妻は、ヴァルターを息子のように慈しんだ。一方ルート母子はオランダ大使秘書ショットの配慮で、ノイマルク（現ポーランド領）の小都市に移り住むことができた。

ベルリンを離れる前、ルートは新たな偽造身分証明書を手に入れた。ショットの友人でルート・マルティンという名の女性が、自分の身分証明書を提供してくれたのだ。こうして「ドイツ人ルート・マルティン」となったルートは、ノイマルクで二階建ての一軒家を賃借りした。ルートと夫ヴァルターは互いに郵便局留めで手紙を送り合った。ヴァルターは闇市で手に入れた食料をルートたちに送った。娘レーハは、一歳を過ぎたころからよちよち歩きを始め、ことばを話すようになった。爆撃にさらされ、潜伏先を転々とする日々のなかでも、レーハはよく笑う活発な子どもに成長した。

レーハの成長がうかがえるこんなエピソードがある。

ある日ルートは、一キロもある牛肉の塊を手に入れた。彼女はさっそく調理し、ゲーデ夫妻のもとに持参した。せめてもの感謝の気もちを表すためだった。ルートがゲーデに牛肉を差し出すと、おしゃまなレーハは言った。

「ママ、いっぱいお金出してお肉買ったの。ずっと台所でお料理してた」

ルートは一瞬あっけに取られたが、すぐに皆で大笑いした。

ルートとヴァルターにとっては、夫婦で過ごす時間はかけがえのない安らぎのひとときだった。

ルートは、当時の記憶をこう振り返る。

「ヴァルターと私は、どんなに危険でも少なくとも一月に一度は会いたかった。共に過ごし、愛情を伝えあう時間が、私に力を与えてくれた」

とはいえ、戦争が激しくなるにつれて、離れて暮らす家族や救援者と連絡を取ることはいっそう困難になっていった。潜伏者のなかには、家族の安否さえわからない者も大勢いた。だがたとえ会えなくとも、家族の存在は潜伏者たちにとって生きる力の源だった。

たとえば、ベルリンに潜伏していたアリス・レーヴェンタルは、ワイマールで匿われているはずのふたりの幼い娘のために必死で働いた。一九四四年の初頭を最後にふたりの消息は途絶えていたが、レーヴェンタルは娘たちの無事を信じ、闇市で食料を手に入れてはワイマールに送り続けた。レーヴェンタルは複数の救援者に助けられ、生き延びたが、子どもたちに会うことは二度となかった。ふたりは一九四四年の夏にアウシュヴィッツに送られていたのである。

**苦難のなかで思いあう家族に——ダゴベルト・レヴィン一家**

当面の移送を逃れるという目的のためだけに結婚したダゴベルト・レヴィンとイルゼ、そして連れ子のクラウスは、苦難の日々を送るなかで次第に互いを思いあうようになっていった。クズィツキー家に預けられているクラウスの様子を見るため、ダゴベルトが同家を訪ねたときのことである。ダゴベルトの姿を見つけると、クラウスは喜びいっぱいの表情で一目散に駆け寄ってきた。

「ダゴだ！　ダゴが帰ってきた！」

「もちろんだよ、クラウス。いつだってちゃんと帰ってくるよ」

クラウスを抱き上げたとき、ダゴベルトの胸にこれまで感じたことのなかった感情が湧き上がってきた。それはクラウスに対する愛おしさであった。

ダゴベルトとイルゼも、少しずつ心の距離を縮めていった。「名目上の家族」でしかなかった三人は、こうして互いに寄り添う家族になっていったのである。

## 青春の輝き

潜伏者たちは、町で偶然昔の仲間と出くわすことがあった。同じ境遇にあるクラスメイトやかつての同僚との再会は、孤独な日々を過ごす彼らにつかの間の安らぎをもたらした。とりわけ、若者同士の会話や交流は、わずかなひととき、自分たちが青春のさなかにいることを思い出させてくれた。彼らは近況を報告しあい、しばしばそれをきっかけに連絡を取り合うようになった。

ダゴベルト・レヴィンは、あるとき町で昔の仲間とばったり出会った。同年代の青年ギュンター・ゲルソンだった。思わぬ再会に興奮したふたりは、それから何時間もの間、あてもなくベルリンの町を歩きながら夢中でしゃべり続けた。ふたりは互いに近況を報告しあった。ギュンターは、母親が交通事故で死んだこと、父が再婚したこと、その父も継母も収容所に送られ、自分だけが残ったことを語った。ダゴベルトが子連れの女性と結婚したことを話すと、ギュンターはすかさず尋ねた。「美人かい？」。

うん、とダゴベルトは答えた。するとギュンターは、さらに言った。

「体のほうはどうだい？　いい女かい？」

「ああ」。ダゴベルトはギュンターにウィンクして見せた。「すごくいいよ」。

このときの会話を、ダゴベルトはそれから五十年以上が経過したのちも鮮明に記憶していた。

ダゴベルトは晩年こう振り返っている。「戦争とテロのさなかにこんな会話をするなんて、自分たちの状況を考えればばかげている気がした。でもたとえ一瞬でも、まるでごく普通の血気盛んな若者のような気分になれたことが嬉しかった」。

一方、ダゴベルトやギュンターと同様に両親を移送で失った二十歳のシオマ・シェーンハウスは、ゲルダという名の美しいユダヤ人女性と恋仲になり、情熱的な時を過ごした（シオマ・シェーンハウスについては第三章で詳述する）。ふたりを知る年配のユダヤ人男性は、シオマがゲルダの色香に翻弄されることを心配し、不埒な行為をしないようにと忠告した。ゲルダはたしかに魅力的だが、今は国防軍の下士官とひそかに同棲中だ。そのうえ相手が前線に行っている間はいろいろな男性をとっかえひっかえしている。彼女にはきっとろくでもない末路が待っているに違いない。

だが、シオマからこの話を聞いたユダヤ人の友人は言った。その人の言っていることは正しいけど間違ってる。道徳なんていうのは、普通の生活を送ることのできる人間のためのものだ。僕たちのように将来がまったく見通せない者にとっては、今この瞬間がすべてなんだ。僕たちの誰ひとり、その女の子がこれからどうなってしまうのか、そして僕たち自身がどうなるのかわかる者なんていない。だから人生で大切なのは、今、このときを生きることなんだ。

シオマはゲルダと街中のカフェやレストランでデートを楽しみ、下士官が不在のときはゲルダの家で夜を過ごすようになった。ゲルダはシオマに言った。「愛しいシオマ、どんなことがあっても生きてちょうだいね。私たちのために。これからどんなことが起こるかなんて……考えないで……考えちゃだめよ……」。だがそれから間もなく、シオマの初恋はあっけなく終わった。ある日シオマは、ゲルダがナチスの親衛隊員と一緒にレストランのテーブルについている姿を見てしまった。ゲルダは、自分がナチスの人間と仲良くするのはふたりの身を守るためだと強弁したが、シオマは以後、二度とゲルダと会うことはしなかった。それでも、ゲルダと過ごした時間はシオマに青年としての自信を与えてくれたのである。

## 学問の扉

ベルリンに戻ったラルフ・ノイマンは、ベルリン市内にある由緒ある教会の牧師ヴァルター・ヴェントラントの一家に匿われた。ラルフをヴェントラントに引き合わせたのは、姉のリタだった（ラルフがヴェントラント一家に匿われた経緯については、第三章で詳述する）。

一家の夫人アグネス・ヴェントラントの周囲には、ユダヤ人救援の志を共有する何人もの仲間がいた。前述の元女子ギムナジウム教師エリザベート・アベックもそのひとりだった。ヴェントラント家での生活が始まると、ラルフはアグネスの助言で、毎週二回アベックの自宅に通うようになった。教育を受けるためである。アベックは自宅で小さな「学校」を開き、潜伏生活を送る子どもや若者たちに勉強を教えていた。救援活動というと真っ先に思い浮かぶのは、隠れ家や食料の提供などの物質的な支援であるが、教育者であったアベックは、人間が生きるうえで、とりわけ子どもや若い世代にとって、知識や教養の獲得が衣食住と同様に重要であることを確信していたのである。

終戦までの約二年間、ラルフはアベックのもとで外国語や文学、歴史を学んだ。ナチス政権成立以来、ユダヤ人たちは学ぶ機会も、学問によって身を立てる道も剝奪されてきた。ラルフはアベックとの出会いによって初めて、奥深い学問の世界を知ったのである。彼は晩年、感謝を込めてこう振り返っている。

「あのころの自分が無知な愚か者にならずに済んだのは、ひとえにアベック先生のおかげだった」

アグネス・ヴェントラント（左）と夫ヴァルター（右）

学ぶ喜びを知ったラルフは、次第に自ら学ぶことへの意欲を高めていった。彼を匿うアグネス・ヴェントラントには、アベックのほかにもさまざまな知的職業に従事する仲間がいた。彼らは昼間の時間帯、交代でラルフを「預かって」くれた。そのためラルフは、毎朝早くヴェントラントの家を出て、夕方ふたたび帰宅する生活を送った。

これにはふたつの重要な意味があった。ひとつはヴェントラント家の負担軽減である。救援仲間たちは、訪ねてきたラルフに昼食をふるまった。食料の入手がいっそう困難になっていくなかで、毎日の食事のうちの一食分を仲間が提供してくれることは、ヴェントラント家にとってもラルフにとっても助かることだった。もうひとつは、近隣住民の疑いの目をかわすことであった。ラルフは言う。

「もし誰かの家にずっと滞在している人間がいれば、その存在は近所の人びとの下世話な好奇心や疑いを大いに刺激することになった」

近隣住民の疑いをそらすためにも、ラルフは毎朝決まった時間に「出勤」し、夕方帰宅する姿をわざと見せる必要があったのである。

クリニックを開業する医師のフリッツ・アウプもまた、ヴェントラント一家の友人で、ラルフを「預かる」活動の協力者だった。アウプ家の書斎の壁にぎっしりと並ぶ大量の医学書をみて、ラルフは心を躍らせた。アウプが患者を診察している間、ラルフは何時間も医学書を読みふけり、仕事が終わったあとの彼をいつも質問攻めにした。そんなときアウプは穏やかに笑みを浮かべ「戦争が終わったら、医学を勉強するといい」と励ました。

「戦争が終わったら」。アウプのこのことばは、潜伏ユダヤ人にとって教育や学問がいかなる価値をもったかを象徴する。学問は、明日の生死さえわからない若い潜伏者たちにとって、未来への希望と確信を呼びさます力をもっていたのである。

### ドイツ人との助け合い

ここまで繰り返し述べてきたように、潜伏ユダヤ人の多くは名を変え、他者の身分証明書をもち、労働し、「ドイツ市民」となって生きていた。彼らの生活は幾多のドイツ市民によって支えられていた。だが、だからといってユダヤ人たちは一方的に守られるだけの存在だったわけではない。長い潜伏生活のなかでは、彼らがドイツ人を助ける側の人間として行動する場面もあった。ある日、教師エリザベート・アベックとともに町を歩いていたラルフ・ノイマンの目に、燃え盛る一軒の建物が飛び込んできた。空襲で被弾した家屋だった。防護服を着た年配の消防団員は、どうしてよいかわからずおろおろしていた。ラルフは躊躇なく、すぐに手伝いを申し出た。消防団員から必要な道具を受け取ると素早く屋根に駆け上がり、機敏に消火活動を指示した。その場に居合わせた人びともラルフの指示に従い、水や砂を運んで協力した。ラルフは夢中だった。

火が消えたとき、家主の女性はすっかり感激してラルフに礼を言った。彼女はラルフに住所や氏名を尋ね、所属するヒトラー・ユーゲントの支部を教えてほしいと申し出た。あなたのように立派な少年が正当に評価されるよう、ぜひユーゲントに表彰を提案したいと彼女は言った。このときになって初めてラルフは我に返り、うろたえた。アベックはすかさず助け舟を出し、この子はじつは郊外に住んでいて、今日はたまたまこちらへ訪ねてきただけなのだと言いつくろってその場を切り抜けた。

ゲシュタポを振り切って逃げ、潜伏生活を続けていたハンニ・ヴァイセンベルクと彼女を匿った映画館の従業員ヴィクトリア・コルツァーとの間には、救援者と被救援者という関係を超える深い絆が形成されていった。いよいよ戦局が悪化すると、年配のコルツァーも工場での労働に駆り出された。ハンニは、過酷な労働で体調を崩した彼女を気遣い、空襲警報が鳴ると彼女をかばいながらふたりで防空壕に駆け込んだ。そこはアパート住民専用の防空室ではなく、ベルリン市民用の公共の防空壕だった。コルツァーの夫が病死すると、コルツァーにとってハンニの存在はますます大きなものとなった。夫を失い、息子の安否を心配するコルツァーの苦悩にハンニは寄り添った。

潜伏者たちの生活は死と隣り合わせの孤独な闘いであった。だが潜伏者の周りには、彼らに手を貸そうとするドイツ市民や同じ境遇にある潜伏者仲間がいた。同様に、救援者の周囲にも、救援者を手助けしようとする仲間はいた。潜伏ユダヤ人ラルフ・ノイマンをめぐるアグネス・ヴェントラントや教師アベック、医師アウプの協力関係は、救援者間に強い絆と連携が存在したことをあらわしている。じつは、この「救援者間の協力関係」こそ、ナチスの苛烈な監視と戦火から多くのユダヤ人の命を守ることができた最大の理由である。そうした連携や組織とはどのようなものだったか、次章で詳しく見ていくことにしよう。

# 第三章　連帯の力　1941-1944 ②

## 1　救援者たちのネットワーク

### 見えざる手となった人びと

潜伏ユダヤ人たちが自分だけの力では生きられなかったように、救援者たちもまた、自分に力を貸してくれる協力者や理解者を必要とした。

潜伏ユダヤ人には、多くの場合ひとりの潜伏者に対して十人以上、ときには三十人もの救援者がいたと考えられている。たとえば、ルート・アブラハムと夫ヴァルターの救援者には、今日明らかになっているだけでもマリア・ニッケル夫妻、出産を手助けした医師ベンノ・ヘラー、夫ヴァルターを匿ったゲーデ夫妻、ルート母子を匿ったオランダ大使の秘書ショットやその友人などがいたし、最初の潜伏先となったヴァルテブルフの農村の家主、腹痛を起こしたルートを診察した医師らもルートの味方として行動した。また、ダゴベルト・レヴィンにも、潜伏先を紹介してくれたハインリヒ・シュルツをはじめ、一家を自宅に匿った「ブラウン博士」や視覚障害のあるパオル・リヒター夫妻、五歳の連れ子クラウスを保護したクズィツキー夫妻、さらにダゴベルトがユダヤ人であることを知りながら雇用してくれた工場主などがいた。いずれもルート・アブラハムやダゴベルト・レヴィンが戦後の回想のなかで言及している人びとである。

だが実際には、彼らに手を貸した人びとはもっと大勢いた。長い潜伏生活のなかでは、ユダヤ人たちは相手の名を知らないまま手助けを受けることもあったし、戦後、記憶から抜け落ちてしまった救援者も当然いただろう。加えてユダヤ人は当時においてさえ、自分を助けてくれている者全員を認識しているとは限らなかった。

とくに救援者が仲間とともに「救援グループ」を形成している場合、彼らはグループ内で役割を分担し、ユダヤ人と直接接触するのは最小限の人びとだけとしていた。ユダヤ人が把握していたのは直接連絡を取ることのできる救援者だけであり、救援者が属するグループやネットワークについては、多くの場合詳細を知らされなかった。それはもしも潜伏の事実が発覚したときに、危険に巻き込まれる救援者を最小限にとどめるためだった。だからユダヤ人たちは、直接彼らが知る救援者だけに支えられていたのではない。彼らの知らない場所から、見えない手を差し伸べている人びとも多数いたのである。

## 打ち明けるべきか、沈黙すべきか

ユダヤ人ひとりを救うためにいかに多数の救援者が協力しあったか、救援者同士がどのようにネットワークを形成したかについては、救われた側の人びとがもつ「断片的な記憶と情報」や、少数の救援者による戦後の回想などを手掛かりとしながら、今なお丹念な情報収集と研究が続けられている。

では、ひとりの潜伏者に対して複数の救援者が関与するというのは、具体的にどのようなことだったのか。

それには二つのパターンが存在した。第一のパターンは、ユダヤ人自身が複数の救援者に対して個別に助けを求める場合であった。たとえばルート・アブラハム夫妻についてみると、いずれも夫妻の救援者であったマリア・ニッケル夫妻とゲーデ夫妻の間に面識はなく、ルートたちがそれぞれ別個にかかわりをもった救援者たちである。

第二のパターンは、潜伏者から助けを求められた者がそれを自分の救援仲間に相談し、互いに協力してことにあたる場合であった。ルート・アブラハムを自宅に匿ったオランダ大使の秘書シヨットとその友人でルートに身分証明書を提供したマルティンや、ラルフ・ノイマンを助けたユダヤ人フライネスと農場主フライシャーのケースなどはこれにあたる。

第二のパターンの場合、救援者たちがまず協力を求めたのは、やはり家族や信頼できる友人たちだった。ルート・アブラハム夫妻を支えたマリア・ニッケルは夫ヴィリに協力を求めたし、ルートの夫ヴァルターを匿ったゲーデ夫妻も、夫婦の協力によってユダヤ人救援に関与した。精力的にユダヤ人救援活動を展開したドイツ人女性ジャーナリスト、フリードリヒたちの救援グループ「エミールおじさん」も、中心メンバーとなったのは彼女や夫、そしてフリードリヒの友人たちだった。とくに家族の場合、生活を共にしている以上、秘密裏に行動することそのものが困難だったし、万一救援活動への関与が発覚すれば、家族も巻き添えになる可能性が高かったから、救援者たちにとって家族の同意と協力は重要な意味をもっていた。

一方、家族には黙して救援活動を行う者もいた。その理由はさまざまだった。家族による密告を警戒する場合もあれば、家族関係の破綻を危惧する者もいた。家族を危険にさらしたくないという思いから、自分ひとりで秘密を背負う者もいた。

たとえば、ゲルハルトというドイツ人の青年には、ユダヤ人女性の恋人がいた。一九四三年春から終戦までの二年間、ゲルハルトは同棲を装い恋人を自宅に匿った。だが若いカップルは、同居するゲルハルトの母親に対して女性がユダヤ人である事実を隠し続けた。もし母親に気づかれれば、間違いなくゲシュタポに密告されると考えたからである。母親の目を欺くため、ふたりは母親の前では屈託のないカップルを装い、常に明るく、幸せそうなそぶりを演じ続けた。

また、ベルリンに住むある娼婦は、知人の救援活動に協力して何人ものユダヤ人を自宅に匿ったが、その事実を出征中の夫に告げることはしなかった。夫が典型的なナチスの信奉者だったからである。

ラルフ・ノイマンは、姉リタとともにヴェントラント牧師の一家に匿われたが、じつは一家の長であるヴァルター・ヴェントラント牧師は姉弟がユダヤ人であることを知らされていなかった。妻アグネスが夫に隠していたからである。ヴァルター・ヴェントラントは、由緒あるゲッセマネ教会の牧師だった。もしユダヤ人を匿っていることが発覚すれば、社会的立場からみて夫は重罪を免れないとアグネスは考えた。彼女は夫を危険に巻き込まないため、夫にはノイマン姉弟を空襲で焼け出された避難民として紹介したのである。

## 協力者を増やすことの功罪

生き延びようとするユダヤ人にとって、当然ながら、自分を手助けしてくれる者は少ないよりも多いほうがありがたかった。もし自分を手助けしてくれる者がたったひとりしかいない場合、その救援者がいなくなれば自分の命も尽きてしまう。一方、救援者たちにとっても、ひとりの力でできることには限りがあったから、仲間がいたほうが良いのは当然であった。救援者同士が協力しあうことの重要性について、「エミールおじさん」のフリードリヒは「一匹狼の時代は終わった」と日記に端的に記している。「だれしも他人を救援しなければならない。そこでは各自が別々の綱を引いていたのではやってゆけない」と。

だが、救援仲間が多ければ多いほど良いかと問われれば、ことはそう単純ではなかった。仲間や協力者が増えることは、同時に警戒しなければならない相手が増えることでもあったからである。

すでに述べてきたように、ナチス・ドイツは徹底的な密告監視社会であった。密告の対象は潜伏ユダヤ人や救援者に限らず、ナチス党員から主婦、高齢者や子どもにいたるまですべての人びとに及んだ。日常の買い物やちょっとした外出、同僚や友人との日常会話にいたるまで、生活のあらゆる場面に監視の目が光った。知人が店で普段よりたくさんの食料を買いこむのを見た。夜、アパートの上階の部屋からかすかに足音が聞こえた。部屋の住人の足音とは違う気がする。たったこれだけでも、密告の理由としては十分だった。もし行動を共にする仲間の誰かが疑われ、ひとたびゲシュタポの手にかかれば協力者たちは一網打尽になることを覚悟しなければならない。ユダヤ人を匿う者の自宅に、「お前はユダヤ人を匿っているだろう」と書かれた匿名の手紙が届くこともあった。

怪しまれる行動を徹底的に回避し、普段どおりの生活を装いながら救援活動を継続するためには、複数名で協力し合い、個々の役割を最小限にとどめる必要があったが、協力者が増えれば増えるほど、今度は相手をどこまで信頼できるかが問題となった。ルート・アブラハムは言う。

私たち家族が潜伏ユダヤ人だと承知してくれている人が増えれば増えるほど、同時に危険も増していきました。たとえ今は助けてくれていても、誰であれいつ裏切るかわからないからです。

（ソコロウ／ソコロウ『ルートとマリア』）

**さまざまな救援グループ**

それでも、救援者のなかには家族やごく近しい友人の範囲を超え、さらに多くの人びととつながりをもとうとする人びともいた。彼らがつながりを求めた相手はさまざまだった。同じ教会に通う信者同士、ナチスが弾圧した共産党や社民党の支持者仲間、同じ職業をもつ同業者や同僚、学校時代の仲間という場合もあった。こうして規模も構成メンバーの属性もさまざまな救援グループができていった。

ユダヤ人救援に関与したグループは、活動の内容や構成メンバーの点から、およそ三つに分類できる。第一は、反ナチを前面に掲げた抵抗運動グループである。今日、日本でも比較的知られている抵抗運動グループは、ナチス体制と戦争を終わらせるため共産主義者から軍人、一般市民にいたるまで幅広い人びとが結束した「ローテ・カペレ（赤いオーケストラ）」や、ミュンヘン大学学生たちによる「白バラ」グループ（なお「白バラ」は、実際にはミュンヘン大学だけでなく、ハンブルク等、ドイツ国内の複数の大学に存在した抵抗運動グループであったが、一九四三年二月、ショル兄妹を含むミュンヘン大学学生ら五人が斬首刑に処せられたことから、特にミュンヘン大学のグループが広く知られている）、ナチスによる締め付けを嫌い、自由を求めて行動した労働者階級の若者集団「エーデルヴァイス海賊団」、本書に登場する教誨牧師ハラルト・ペルヒャウも関与していた「クライザウ・サークル」などであろう。ひとことで「抵抗運動グループ」といっても、活動の内容は敵国であるソ連との内通から国外ラジオの傍受、政府批判のビラ頒布、仲間同士の秘密裏での集会までさまざまだった。こうしたグループのなかには、反ナチの意思を示す活動の一環として潜伏ユダヤ人への支援を行うグループもあった。

第二のグループは、政府批判に類する活動はせず、ユダヤ人救援活動のみを行った。このグループもまた、多様な人びとで成り立っていた。メンバーの多くはナチスに批判的な考えをもっていたが、身の危険を回避するため、政治批判につながる行動を避け、迫害を受けるユダヤ人の救援に徹していた。すでに述べたように、当時、政府批判の代償は死罪だった。実際、先に挙げた「ローテ・カペレ」等の四つの抵抗運動グループは、いずれも中心メンバーたちの処刑によってグループの壊滅に追い込まれている。加えて「抵抗運動」とはいっても、現実に民衆ができることは極めて限られていた。こうした理由から、人道的な動機に加え、せめてもの「抵抗」の意思表示として、ユダヤ人救援に与する人びとがいた。

たとえば、ベルリン市に住むフリッツ・ナウヨクスは元社民党員だった。政治的迫害によって三度の投獄を経験した彼は出所後、かつての党員仲間や無党派の商人たちを募り、ユダヤ人救援グループを結成した。なかでも商人たちは、グループの活動を資金面で支える役割を果たした。だがナウヨクスをはじめ、元社民党のメンバーはゲシュタポの監視にとくに注意する必要があった。彼らは競馬場やサッカースタジアム、ビリヤード場等を待ち合わせ場所に選び、遊びに興じるふりをしながら情報交換を行った。

ノイマン姉弟を匿ったアグネス・ヴェントラントは、ふたりの娘とともに救援グループの結成を主導した。アグネスは夫にこそユダヤ人救援への関与を秘密にしていたが、ふたりの娘、長女ルートと次女アンゲリカは母の心強い味方だった。

一九四三年一月、アグネスの自宅である牧師館に十名ほどの牧師や神学生たちが集い、救援グループ「教会奉仕者共同体」を結成した。結成に際して中心的役割を担ったのは、ヴェントラント母娘に加え、長女ルートの親しい友人で告白教会牧師のヘルムート・ヘッセだった。彼らが会合をもったのは、ナチスの宗教政策を批判する告白教会の牧師ハインリヒ・グリューバーの逮捕が重要な動機であった。確信的な反ナチ主義者であったグリューバーは一九三八年、ユダヤ人救援の拠点となる「グリューバー事務所」を開設し、ユダヤ人のために行動しようとする信者たちを牽引してきた人物である。その逮捕を受けて、求心力のあったグリューバーに代わり、救援者たちの新たな拠り所を作らなければならないとアグネスたちは考えたのである。

さらに、第二の救援グループにはこんな事例もある。

一組のユダヤ人夫婦が、強制移送を逃れるためケルン市近郊の小村に逃げ込んだ。夫婦は村人たちに、自分たちは空襲で家を失った爆撃難民だと告げ、村人も夫婦を温かく迎え入れた。それ以来、夫婦は毎朝村人とともに「通勤バス」に揺られてケルン市内に仕事に行き、夕方になるとまたバスで村に戻ってきた。だが数週間が過ぎたある日、突然見知らぬ老婆が夫婦の自宅に飛び込んできた。

「あんたたち、大変だよ。すぐに逃げなさい。村長が怒鳴り散らしているんだよ、この村にユダヤ人がもぐりこんでいる、見つけ出して収容所に送り込んでやる、ってね」

老婆は、この夫婦が本当はユダヤ人であることをとっくに見抜いていたのである。老婆だけではない。この村では、村長以外の誰もが夫婦がユダヤ人だと気づいていた。だがあえて問うことも口外することもなく、いわば村全体がひとつの救援グループとなってふたりを匿っていたのである。その一方で、夫婦がユダヤ人だと村長に密告したのは、夫婦の学生時代の友人だった。ケルンで生まれ育った夫婦には、市内に友人や知人が大勢いた。そのなかのひとりが、市内に働きにきている夫婦を偶然目撃し、村長に耳打ちした。見ず知らずの村人たちに守られていた夫婦は、親しい友人の裏切りによって村を追われたのである。

救援活動に関与した第三のグループは、ユダヤ人自身によるものである。ユダヤ人のなかには、潜伏生活を送りながら反ナチ活動を続ける者もいた。彼らはドイツ人主導の抵抗運動グループに参加することもあったが、ユダヤ人の潜伏仲間を募り、一種の自助グループを形成する者もいた。

ユダヤ人の抵抗運動グループとしては、共産主義のユダヤ人ヘルベルト・バウムが率いた「バウム・グループ」や、ユダヤ人ヴェルナー・シャルフとドイツ人ハンス・ヴィンクラーが主導した「平和と再建の共同体」、「混血（Mischling）」女性エディット・ヴォルフらシオニストの青年たちが結成した自助グループ「チャク・シァルジィ（ヘブライ語で「開拓者」の意味）」などがある。

エディット・ヴォルフ

ユダヤ人ジャーナリストの父とドイツ人の母の間に生まれたヴォルフは、キリスト教徒として育てられたが、ナチスへの反発を行動で示すため、危険を承知で一九三三年にユダヤ教に改宗していた。「チャク・シァルジィ」は、ユダヤ人同胞を救うため地下で活動をつづけた。彼らを介してドイツ人救援者に保護されたユダヤ人のなかには、幼い子どもも多数含まれていた。

ただしユダヤ人グループの場合、メンバーを匿ってくれるドイツ人救援者がいなければ活動そのものが成り立たなかったから、グループの背後には必ず彼らを保護する救援者の存在があった。ユダヤ人グループは、ドイツ人救援者の保護を受けながら、困難に陥っている他の潜伏ユダヤ人同胞にも手を差し伸べようとした。彼らにとって同胞の救援は、ナチスの蛮行に屈しないという精一杯の意思表示でもあったのである。

**救援者たちの連帯はユダヤ人に何をもたらしたか**

救援グループのメンバーは、自分が所属するグループの仲間だけでなく、しばしば同じ志をもつ他のグループとも接点をもった。こうして、救援グループは個々のメンバーを介して他のグループと結びつき、緩やかなネットワークを形成していった。救援者たちはこのネットワークを活用し、協力し合った。

では、救援者同士の連携は潜伏ユダヤ人にとってどのような意味があったのか。ヴェントラント家に保護されてからのノイマン姉弟を例に見てみよう。

## 救援者のネットワークに守られて――ノイマン姉弟

一九四三年夏、警察署から逃亡してベルリンに戻った姉のリタは、ポツダムでカトリック教会の助任司祭を務めていたゲルハルト・ヴィージンガーに助けられた。このヴィージンガーがアグネス・ヴェントラントと同じく「教会奉仕者共同体」のメンバーであったかどうかは不明だが、ヴィージンガーはアグネスにリタを託した。アグネスは、「牧師館の清掃係」という口実を設けてリタを自宅に保護した。その後まもなく、リタはフライシャー家にいられなくなった弟ラルフがベルリンに戻ってきていることを知った。彼女は手を尽くして弟を探し出し、弟も助けてほしいとアグネスに訴えた。ラルフは後年、リタに連れられて初めてヴェントラント家を訪れたときの安堵と感激を次のように語っている。

リタは野宿していた私をすぐに探し出し、ヴェントラント一家に引き合わせました。一家の人びとは、両手を広げて私を迎え入れてくれました。自分の命を危険にさらしてでも私を救おうとしてくれる、勇敢で素晴らしい人びとがそこにいたのです。

（ノイマン『わが青春期の記憶　一九二六―一九四六』）


　こうしてヴェントラント家でのノイマン姉弟の生活が始まった。ヴェントラント夫妻は知的でユーモアに溢れる温かい人間だった。むろん彼らにも人生の苦悩はあった。ラルフを迎え入れる前の年、夫妻は牧師の後継者として期待をかけていた息子を戦場で失っていた。だが、そうした自らの苦しみを胸中に収め、夫妻は包容力をもって姉弟を守った。姉弟は終戦直前の一九四五年二月まで、約一年半をヴェントラント家で過ごしている。

　ヴェントラント家でのラルフたちの生活は、潜伏者としては「安定的で豊か」だったといえるだろう。ヴェントラント家の夫ヴァルターは、姉弟がユダヤ人であることを知らなかったが、精力的な救援者であった妻アグネスには、多数の救援仲間がいた。彼らは、ヴェントラント家の負担を軽減するため交代で日中のラルフを預かった。当時すでに結婚していた次女アンゲリカ・ルーテンボルンとその夫で牧師のギュンターも、両親を手助けするためたびたびラルフたちを自宅に滞在させている。

　アグネス・ヴェントラントの協力者には、教誨牧師ハラルト・ペルヒャウもいた。ペルヒャウはラルフに「自転車での使い走り」の仕事を与え、側面からアグネスとラルフを支援した。潜伏ユダヤ人にとって、仕事や役割をもつことは、金銭的な理由に加え、「社会からの孤立」を防ぐ点からも重要だった。

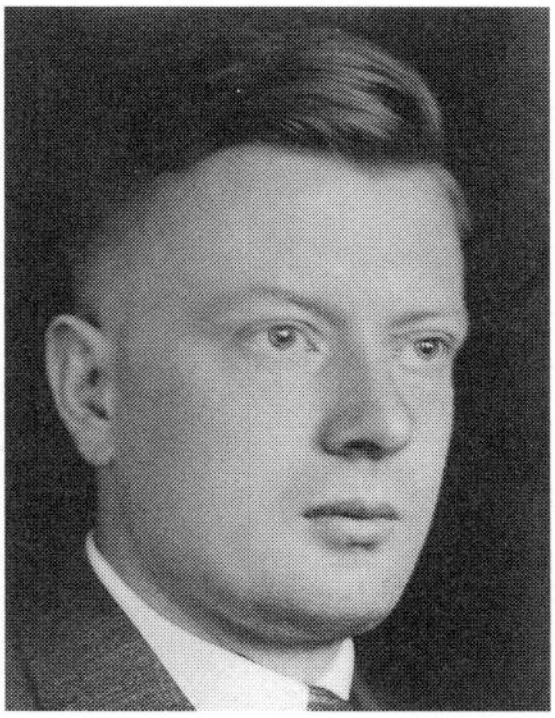
教誨牧師ハラルト・ペルヒャウ

ペルヒャウとアグネスが知り合った経緯は不明だが、ペルヒャウはアグネスたちの「教会奉仕者共同体」のメンバーではなかった。テーゲル刑務所に勤務していたことから「ドクター・テーゲル」の異名をもつペルヒャウは、潜伏ユダヤ人の間で「奇跡を行う人」と呼ばれるほど、精力的な救援者であった。本書に登場するユダヤ人音楽家コンラート・ラッテも、彼の助力で潜伏生活を開始している。さらに、ペルヒャウは政府の転覆を目ざした抵抗運動グループ「クライザウ・サークル」のメンバーでもあった。現実的な思考力と明るいユーモアを兼ね備えていたペルヒャウは、ユダヤ人を救うという危険な行動を冷静に淡々と、決して目立たぬように、それでいて大胆に実行する能力に長けていた。彼は「クライザウ・サークル」の仲間ヘルムート・フォン・モルトケから食料や資金の提供を受けながら、自宅でも複数名のユダヤ人を匿っていた。

その一方で、ペルヒャウは類まれな用心深さを身に着けた人物でもあった。「クライザウ・サークル」の主要メンバーが皆処刑されても、ペルヒャウがゲシュタポの取り調べの対象となることはなかった。これは、「クライザウ・サークル」のメンバーが拷問に屈せず、仲間の名を最後まで口にしなかったためでもあるが、それにも増して、ペルヒャウ自身が極めて慎重だったためである。彼は目立つ行動を徹底的に避け、ユダヤ人救援の「仲間」と関係を結ぶことにも注意を払った。慎重な振る舞いは、ユダヤ人に対しても同様であった。助けを求めるユダヤ人との面会場所として、彼はしばしば自身の職場であるテーゲル刑務所を利用したが、それは刑務所が部外者の目や盗聴を避け、内密の相談を行うのにうってつけの場所だったからである。

ペルヒャウの周囲にどのような協力者がいたのか、ユダヤ人たちに対してどのような救援を行ったかについては、未だにその多くが不明だが、アグネスを介してペルヒャウと知り合ったことは、ノイマン姉弟にとってのちにきわめて重要な意味をもつことになる（これについては、第四章で述べる）。

いずれにせよ、ラルフたちが「次の潜伏先」を心配することなく、また少なくともドイツ全土が深刻な食糧難にさらされる終戦間際まで、飢えに苦しむこともなく日々を過ごすことができたのは、ヴェントラント夫妻の努力に加えて、救援仲間たちの緊密な協力関係によるものであった。なお、アグネス・ヴェントラントは、一九四四年末にはノイマン姉弟に加えてさらにふたりのユダヤ人を自宅に匿っているが、その背後にも救援仲間たちとの連携があった。

### 教え子たちとともに——エリザベート・アベック

衣食住の保障にもまして、ラルフたちの「豊かな」潜伏生活は、彼らが文化的・知的な環境を与えられていたことに大きな特徴がある。第二章で述べたように、ナチスの政策によって勉学の機会を奪われてきたラルフは、元女子ギムナジウム教師エリザベート・アベックの指導によって学習上の空白を補完するとともに、学ぶ喜びを知り、自分の「将来」に目を向ける意欲をはぐくんだ。

ユダヤ人青少年の教育については、ウッチなど一部のユダヤ人ゲットーに、ある時期まで「学校」が存在した記録はあるが、ラルフのように潜伏生活のさなかに教育を受けることができた例は極めてまれである。だが、潜伏生活開始当時ラルフがまだ十六歳であったことを考えれば、アベックによって与えられた一年半に及ぶ教育機会は、戦後、ラルフが新たな人生を切り開いていくうえで決定的な役割を果たしたといえるだろう。

もっとも、先述の教誨牧師ペルヒャウと同様に、アベックもまたアグネス・ヴェントラントたちの「教会奉仕者共同体」のメンバーではなかった。親友であったユダヤ人アンナ・ヒルシュベルクを移送で失ったあと、アベックはいかにして救援活動を開始し、いつ頃ヴェントラント一家と出会ったのか。

一九四一年から四二年にかけて、アベックは苦難に直面していた。ヒルシュベルクがテレジエンシュタットに移送されたのは、一九四二年七月であった。友人を失った喪失感に加え、アベック自身の生活にも大きな変化が生じていた。前年にはアベックは教師を辞め、年金生活者となっていた。アベック先生が授業中に戦争批判の発言をしたと生徒に密告され、早期退職に追いこまれたのである。

傷心のアベックをふたたび奮い立たせたのは、ナチス政権成立後間もない頃、ルイーゼ女子ギムナジウムで、ユダヤ人生徒をかばおうと共に闘った（第一章参照）かつての教え子たちだった。十年の時を経て逞しい女性へと成長していた彼女たちとともに、アベックは救援グループ「内なる輪」を結成し、本格的に救援活動を開始する。さらに、この頃クエーカー（フレンド派）に改宗していたアベックは、ユダヤ人救援に関心をもつ同派の人びととも接点をもつようになる。

一九四三年二月、アベックはペスタロッチ幼稚園の教師だったユダヤ人女性リーゼロッテ・ペレレスと彼女の養子ズザンネ・マナッセを自宅に匿う。ズザンネは十歳だった。以後、アベックは「内なる輪」の仲間たちと協力しながら次々にユダヤ人を匿ったが、保護したユダヤ人のなかに複数名の子どもがいたことから、この子どもたちに勉強を教えようと思い立つ。教育者であったアベックは、子どもたちの生命を守るだけでは救援として不十分であり、彼らがやがて新たな時代を切り拓く存在となるためにも、教養を身に着け、人格形成をはかることが重要だと考えたのである。

アベックはさらに多数の救援仲間とつながりを築いていった。「内なる輪」のメンバーのなかには、家族ぐるみで活動に協力する者もいた。ヴェントラント母娘とは一九四三年の夏ごろに知り合い、以後は、ノイマン姉弟のためにさまざまな援助を行っている。

だが、広範囲に及んだアベックの仲間たちのなかで、特筆すべきはアベックの実姉ユリーであろう。幼少期の事故が原因で身体に重度の障害をもっていたユリーは、アベックの扶養家族として彼女のアパートで暮らしていたが、アベックが次々に自宅にユダヤ人を匿うと、食事の支度や繕い物などユダヤ人たちの身の回りの世話を引き受けた。

アベックと彼女の救援仲間が手を貸したユダヤ人の数は最終的に八十人を数え、そのほとんどが生きて終戦を迎えた。

## 2　二千キロの逃避行――クラカウアー夫妻

### 二百人に助けられた夫婦

救援者同士がグループとして活動する場合には、密に連絡を取り合うことや指示系統を明確にしておくこと、部外者の潜入を防ぐことなど、チームとしての機能を維持する努力も重要であった。たとえばエリザベート・アベックは、グループメンバーやユダヤ人と連絡を取るときには、秘密の合言葉を使った。

ところで、多様なユダヤ人救援活動のなかには、ひとりあるいはひと家族のユダヤ人を救うために、百人以上のドイツ市民が協力した事例もあった。ベルリン市に居住するユダヤ人マックス・クラカウアーと彼の妻カロリーネをめぐる一連の救援活動は、多数の人びとが協力することで救援に成功した典型的な事例である。クラカウアー夫妻に手を差し伸べた人びとは聖職者を中心に、歯科医、国防軍中佐、学校教師、ピアノ工房の職人、エンジニア、薬剤師から工場主、農民、幼い子どもにいたるまで二百人を優に超えた。

夫妻はこうした人びとに助けられながら、北はポーランドとの国境近くにあるポンメルン（現在のメクレンブルク＝フォアポンメルン州の一部）から南はヴュルテンベルク＝ホーエンツォレルン大管区（現在のバーデン＝ヴュルテンベルク州の一部。以下、ヴュルテンベルク）まで、潜伏先を求めて逃避行を続けた。二年三か月に及ぶ潜伏生活の間、夫妻の移動総距離は二千キロに及び、明らかになっているだけでも六十を超える家庭に匿われた。

夫妻はいかにして逃亡を続けたのか。救援者たちは、どのようにふたりを手助けしたのか。以下に見ていくことにしよう。

クラカウアー夫妻

### 流浪の始まり

マックス・クラカウアーは、ナチスが台頭する以前、ライプツィヒで映画配信会社を経営していた。一九一八年、三十歳で小さな会社を起こして以来、自分の会社を誰もが知る大企業へと成長させることが彼の目標だった。一九三二年、彼は飛躍のチャンスを摑んだ。前年にアメリカで製作されたチャールズ・チャップリンの映画「街の灯」のドイツでの放映権を二十五万ドルで買い取ったのである。だが同時に、これはクラカウアーにとって苦難の始まりでもあった。チャップリンを共産主義のユダヤ人とみなしていたナチスが、上映に強い不快感を示したからである。

一九三三年、ヒトラーが政権の座に就くとすぐにクラカウアーの会社は閉鎖に追い込まれた。夫妻はひとり娘のインゲとともにイギリスへの移住を試みたが、移住を許されたのは娘だけだった。一九三九年、ライプツィヒからベルリンに移ったクラカウアー夫妻は、以来、他のユダヤ人と同じように強制労働に従事させられた。夫マックスは、軍需工場で重い木箱を運ぶ仕事を命じられた。一方妻カロリーネは、かつて屠畜場だった場所で、朝から晩まで立ったままジャガイモの皮むきをさせられた。だがすでに五十代にさしかかり、しかも長年裕福に暮らしてきた彼らにとって、この生活はあまりにも過酷であった。神経をすり減らす日常と過重な肉体労働は、夫妻から容赦なく体力を奪った。

夫妻の運命を大きく変える事件が起きたのは、一九四三年一月二十九日であった。その日、夫妻の住むユダヤ人住居にゲシュタポが踏み込んだのである。当時この住居には、夫妻を含めて十一人のユダヤ人が住んでいた。ゲシュタポは強制労働から帰宅した住人を待ち伏せては、片っ端から連行していった。

その日の夕方、何も知らないカロリーネはいつものように疲れきって強制労働先から戻ってきた。彼女が玄関に近づいたとき、突然物陰からひとりの女性が現れた。女性はカロリーネに素早く近づくと、こうささやいたのだ。「アパートにゲシュタポが来てるわ。早く逃げなさい。急いで!」。そのときカロリーネは、女性がドイツ人の知人クラウゼであることに気づいた。クラウゼは夫妻に危険が迫っていることを知らせるためだけに、凍てつく寒さのなかで何時間もの間、いつ帰宅するかわからない夫妻を待ち続けていたのである。

カロリーネはすぐにユダヤ人病院に向かった。その日夫は体調を崩し、仕事のあと病院に寄ることになっていたからである。病院でふたりは無事に再会した。だが、二度と自宅に戻ることはできない。身一つでの逃亡生活が始まった。

## ポンメルンでの潜伏生活

およそ一か月の間、一夜の宿を求めてベルリン市内をさまよったクラカウアー夫妻は、ハンス・アッカーマンというドイツ人の友人の伝手《つて》で告白教会の牧師ヴィルヘルム・ヤンナッシュと出会った。ヤンナッシュは思いつく限りの牧師仲間や信徒たちに連絡を取り、ふたりの潜伏先を探したが、引き受け手はなかなか見つからなかった。ベルリンではすでに何千人ものユダヤ人が告白教会の信徒に匿われており、新たな潜伏者を受け入れる余裕のある者はいなかったのである。ヤンナッシュがようやく見つけた潜伏先は、ベルリンから百五十キロ以上離れたポンメルンであった。そこに住むシュトレッカーという牧師が、ふたりを受け入れてくれた。

三月九日、夫妻は列車で慌ただしくポンメルンに出発した。車内で頻繁に警察の巡回が行われる列車の旅はユダヤ人にとって極めて危険である。アッカーマンはマックスたちの道中を案じ、即席の偽造身分証明書を用意してくれた。それは有効期限が切れて失効したアッカーマン自身の郵便局利用のための証明書にマックスの写真を貼り付けたものだった。いかにも素人が改ざんした出来の悪い証明書だったが、何もないよりはましだった。以後クラカウアー夫妻は、終戦まで「アッカーマン」の偽名を使い続けた。

幸い列車内での検札でも身元を怪しまれることはなく、ふたりは無事ポンメルンに到着した。救援者に守られて暮らす日々は、ふたりにとって「正真正銘の療養」となった。過酷な強制労働で体重が四十一キロにまで激減していた妻カロリーネも、聖職者や信者たちの世話を受け、徐々に体力を回復した。夫妻は複数の救援者のもとを転々としながら、新たな生活になじんでいった。仕事も見つかった。マックスは事務職、カロリーネは事務所での賄いの仕事だった。

だが、穏やかな時間は長く続かなかった。時が経つにつれ、住民のなかにはふたりの素性を疑い、あれこれ噂する者も出てきた。ある主婦は、ふたりが食料配給券を使っているのを見たことがない、ドイツ人なら誰でももっているはずだと言いふらした。住民同士が互いを知り尽くしているような小都市で、素性を明かせない者を長期間匿い続けることはきわめて困難であった。救援者たちは手を尽くしてふたりの潜伏先を探し続けたが、その努力にも限界があった。

こうして、ポンメルンでの潜伏生活は四か月で終わった。

## 危険な長距離列車での移動

七月十五日、失意の夫妻はポンメルンからベルリンに戻った。とはいえ、ポンメルンに潜伏した経緯から考えれば、いつまでもベルリンに留まれないことは明らかだった。

新たな潜伏先を見つけてくれたのは、ブルクハルトという牧師だった。ブルクハルトは夫妻を呼び出すと、シュツットガルトにいるクルト・ミュラーという牧師を頼るように告げた。だが、シュツットガルトは、ベルリンから直線距離にして六百キロ近くも離れたヴュルテンベルクにある。ほとんどドイツを縦断するような大移動となるうえに、移動の最中は頼れる救援者もなくふたりだけで現地にたどり着かなければならない。潜伏者にとって、それはあまりに過酷な旅であった。道中で車掌や警察に身元を疑われても、走行中の列車のなかでは一切の逃げ隠れができない。潜伏者にとって、長距離列車は危険極まりない場所である。

このときの衝撃について、夫マックスは後年「難破船のように寄る辺ない身の自分たちにとって、シュツットガルトはあまりにも遠すぎる島」のように思えたと語っている。

慌ただしく出立の準備をする間、夫妻は絶えずひとつの考えに苦しめられていた。こんな悪あがきにいったいどんな意味があるのか。新しい土地に逃げても、どうせまた、そこにも別の危険が待っているだけのことだ。それに自分たちが逃げ続ければ、大勢の善意の人たちを巻き込み、傷つけるのだ。いっそのこと、逃亡生活も自分たちの命ももう終わりにしたほうが良いのではないか。半年を超える潜伏生活で、夫妻は生きる気力を失っていた。

それでも、イギリスに逃れたひとり娘のインゲを思うと、夫妻の心は激しく揺らいだ。もう一度生きて娘に会いたい、そのためにも生き抜いてナチスの終焉を見届けなければならないという感情が湧き上がってきた。

夫妻はシュツットガルト行きを決意し、八月六日、列車でベルリンを出発した。警察の目を逃れるため、ふたりは七回以上も列車を乗り換え、二日がかりでシュツットガルトにたどり着いた。車中での緊張感をマックスは次のように振り返る。


次の駅に列車が止まるたびに、神経がちぎれそうになった。新たな乗客が乗りこんでくると、他愛のない農夫までが皆ゲシュタポに見え、不安と恐怖に押しつぶされそうだった。

（ヴェッテ『沈黙の勇者たち』）

## ヴュルテンベルクの救援ネットワーク

八月八日、夫妻はようやくシュツットガルト中央駅にたどり着いた。駅のホームに降り立ったとき、夫マックスは安堵のため息をついたが、町の風景を目にすると、深い孤独に襲われた。見知らぬこの町で、自分たちはたったふたりきりなのだ。まるで大海に投げ出された藁くずになったような気もちだった。

ふたりは道に迷いながらもなんとかミュラー牧師の自宅にたどり着き、最初の夜を迎えた。長身で活力にあふれたミュラーは、船乗りのような風貌だった。ミュラー牧師は夫妻に対し、ここでの滞在は一晩だけで、明日は次の潜伏先に移動するように伝えた。ミュラー牧師の自宅は狭い賃貸アパートで、近隣住民に気づかれずにふたりを滞在させることは不可能だったからだ。

ユダヤ人潜伏者が一軒の家に長くとどまれば、必ず近所の者たちに怪しまれる。そこでミュラーたちヴュルテンベルク内の聖職者たちは互いに連携しあい、近隣住民に気づかれる前に潜伏者を次の救援者のもとに送り出す方法を考案していた。ユダヤ人潜伏者は滞在先で「家を失った爆撃難民」として紹介され、あらぬ噂が立つ前に次の救援者のもとに送られた。こうして救援者たちは、仲間の間で潜伏者をいわばリレーのバトンのように受け渡すことで、周囲の目をかわし、救援者と潜伏者の双方を密告から守ろうとしたのである。ミュラーたちは、この方法で終戦までに十三人のユダヤ人の命を守った。そのなかには、クラカウアー夫妻と同様に遠くベルリンから救いを求めてやってきた者もいた。

ヴュルテンベルクの中心都市（大管区都）であるシュツットガルトは、さきにふれた告白教会の拠点であった。告白教会は激しい弾圧により、この時期すでに衰退に追い込まれていたが、聖職者や信者たちは、ナチスの迫害からユダヤ人を守ろうと秘かに活動を続けていたのである。

ミュラーは、告白教会に与するヴュルテンベルク内の聖職者や信者たちを率い、大規模な救援者ネットワークを築いていた。ネットワークの中心にいたのは、ヴュルテンベルクとその近郊に住む計十七名の教区監督たちであった。彼らは互いに連絡し合い、教区の信者たちをまとめて緻密な救援活動を成立させていた。

このヴュルテンベルクの救援ネットワークに関与し、ユダヤ人に手を貸した者は百五十人から二百人ほどいたと考えられている。もっとも、ほとんどの一般信者たちは、自分が大規模なネットワークに所属しているという認識はなかったし、ネットワークに誰が属しているのかも知らなかった。全体を把握していたのは、活動の中枢にいる聖職者たちだけであった。一般信者たちは、自分が所属する教区の牧師の指示に従い、行動したに過ぎない。それは万一誰かが逮捕された際、他の救援者を守るための必須条件であった。たとえ取り調べを受けても、知らなければ自白のしようもないからである。

## シュツットガルト中央駅での尋問

翌朝早くミュラー宅で夫妻が目を覚ましたとき、彼はすでに出かけたあとだった。夫妻の次の潜伏先を確保するため、一足先に出発していたのだ。クラカウアー夫妻は、近所の人びとに姿を見られないうちにと考え、身支度を整えると急いでミュラー宅を出た。次の潜伏先は、シュットガルトから二十キロほど離れたエスリンゲン郡にあるケンゲンという町だと聞かされていた。ミュラー牧師とは、午後二時にシュッツットガルト中央駅で落ち合う約束であった。クラカウアー夫妻は午前中は市街を散策し、昼頃、シュッツットガルト中央駅に到着した。待ち合わせ時間まで、そこで時を過ごすつもりだった。だがその時、事件が起こった。

駅に到着してから五分も経たないうちに、パトロールの警察官が四人現れた。警察官は声を張り上げ、その場にいた人びと全員に命じた。「警察だ！　身分証明書を確認する」。ひとりの警察官が夫妻に近づいてきた。

「身分証明書を出してください」

警察官が言った。

「今、手元にもっていないんです」

マックスはか細い声で答えた。アッカーマンから譲り受けた偽造証明書はすでに手元になかった。出来のよくない証明書をもち続けることに恐怖を覚えた妻の訴えで、ベルリンを発つ直前、アッカーマン自身に送り返してしまっていたのだ。

警察官は無言で駅構内の警察官詰所にふたりを連行した。

尋問が始まった。氏名は？　住所は？　どこから来たのか。目的地はどこだ。職業は何か。次々に質問が浴びせられた。マックスは自分はアッカーマンだと名乗り、偽りの住所を伝えた。次々に嘘の答えを返しながらも、内心は絶望に押しつぶされそうだった。こんな程度の嘘は、警察にかかればすぐに発覚するに決まっているからだ。

警察官はふたりのポケットの中を探った。マックスの財布のなかから古い食料配給券が出てきた。アッカーマンが与えてくれたもので、彼の名と住所が書かれていた。ベルリン市テンペルホーフ、ベルリン通り五十六番地。そこは、最近の空襲であたり一面焼け野原となった場所であった。マックスはふと、この状況を利用できるかもしれないと思いついた。彼は言った。連日の空襲のせいで、妻がすっかり心身を病んでしまった。ここヴュルテンベルクにやってきたのは、妻を静養させるためだ。ここならベルリンのように絶えず爆撃にさらされる心配もなく、妻が健康を取り戻すにはうってつけだ。もちろん私自身は、仕事があるから、妻を静養先に送り届けたらすぐにベルリンに戻るつもりだ。

警察官たちはマックスの作り話を信じたらしい。穏やかにこう言った。

「アッカーマンさん、不注意でしたね。どんなことがあっても、外出のときは身分証明書を携帯しなくちゃいけません」

さっきまでの尋問とはうって変わった丁寧な言葉遣いだった。

ふたりは無事に釈放された。妻のカロリーネは、緊張から解き放たれるとひきつけを起こしたように泣きじゃくった。

だがマックスには、警察官がなぜふたりを釈放してくれたのかわからなかった。身分証明書も携帯せず、見るからに怯えた様子のふたりを彼らが怪しまなかったはずはない。それにマックスの作り話など、真偽を確認しようとすれば方法はあったはずである。だが、彼らはそうしなかった。のちにマックスからこの話を聞いた友人たちは言った。おそらく警察官たちは、尋問の途中で夫妻がユダヤ人だと気づいたのではないか。だから作り話に騙されたふりをして見逃してくれたのだろうと。実際、警察官のなかにも、内心ではナチスの政策を快く思わない人びとはいたのである。

## 救援者から救援者へ

このようなことがありながらも、ふたりは救援者たちに守られ、ヴュルテンベルクでの潜伏生活を開始した。ミュラー牧師の次にふたりを匿ったのは、ケンゲンの牧師オイゲン・シュテフラーだった。いつでも白いネクタイをつけている小太りのシュテフラーは、町で誰もが知る心の温かい人物だった。シュテフラーの家に迎えられたとき、クラカウアー夫妻はまるで自宅か親しい友人の家に来たような安らぎを覚えた。

シュテフラー夫妻の人間性を象徴するエピソードがある。多数の信者たちが出入りするその牧師館は、いつも賑やかだった。シュテフラー夫妻は、信者たちの集まりの際には、たくさんの料理でもてなした。戦争の長期化により、食料が乏しくなっていくなかで、それは信者たちにとって何よりの喜びであった。ある信者が心配になって尋ねた。こんなにたくさんのご馳走を私たちにくださって、牧師様たちは大丈夫なのでしょうか。牧師夫人は穏やかにこう答えた。「心配はいりませんよ。神は必要な分だけ、私たちにお与えくださるのですから」。

シュテフラーの元に集う信者たちは、むろん「ベルリンから来た爆撃難民のアッカーマン夫妻」としてではあったが、ふたりに親切に接してくれた。夫妻はシュテフラーの元に三週間滞在し、その間夫のマックスは庭仕事、妻のカロリーネは家事を手伝いながら穏やかに過ごしている。

シュテフラー牧師の次にクラカウアー夫妻を保護してくれたのは、チュービンゲン郡に住むゲルツ牧師と、ニュルティンゲン郡に住む女教師マルタ・ヒュンリッヒであった。その後しばらくの間、ふたりは救援者側の事情で、それぞれ別の救援者のもとで日々を送っている。以後も、引き受けてくれる救援者の住宅の状況によって一時的に離れて生活することはあったが、終戦までの一年八か月の間、夫妻は路上生活を経験することも、自分で次の潜伏先を探さなければならなくなることもなかった。

一九六頁の表は、夫妻がヴュルテンベルクに到着した一九四三年八月から、終戦までの約一年八か月間に匿われた相手とその期間等を示したものである。

### 救援者たちの役割分担

表からも見てとれるように、滞在先の多くは牧師館だった。絶えず信者が出入りする牧師館は、周囲に怪しまれずに潜伏者を匿うにはうってつけだったが、理由はそれだけではなかった。

ネットワークの活動のなかで、もっとも発覚の危険性が高い行為は自宅に潜伏者を匿うことであった。それだけに、信者たちのなかには、ことが発覚した場合自分の身に及ぶ処罰を想像して怯える者もいた。ニュルティンゲン郡の女性教師ヒュンリッヒは、妻カロリーネを一か月の間自宅に匿ってくれたが、もし誰かに姿を見られたらと考えると恐ろしくなり、カロリーネを部屋に閉じ込めて一歩も外に出さなかった。

神経をとがらせるヒュンリッヒとの生活は、ただでさえ張りつめているカロリーネの心を追いつめた。カロリーネは神経を病み、当時夫マックスを匿っていたゲルツ牧師は、マックスの保護に加えて、カロリーネの病の心配もしなければならなくなった。ゲルツは頻繁にカロリーネを見舞うとともに、医師をしている自分の兄にカロリーネの治療を頼んだ。

かくして、潜伏先の提供などのより危険性の高い任務は主として聖職者とその家族が担い、信者たちは聖職者一家を支援するというのが、ネットワーク内での役割分担となった。

牧師館はまた、教区内で救援活動に協力する信者たちの情報伝達の場としても機能した。次の潜伏先を確保するのも、聖職者たちの役割であった。ヴュルテンベルク内の各地に暮らす聖職者たちは、緊密に連絡を取り合い、いつ、どこで、誰を保護するかを相談した。

一方、信者たちは、配給券をもたない潜伏者のために食料や生活物資を提供したり、次の潜伏先に送り届けるなどの役割を担った。

一か所の滞在期間はそのときどきの状況によって違ったが、一晩から最長でも一か月までにとどめられた。移動手段は距離に応じて徒歩、自転車、市電、車などさまざまだった。夫妻がとくに恐れたのは、いざという時、一切の隠れ場所も逃げ場所もない列車移動だった。夫妻は、どうしても列車で移動しなければならない場合でも、一駅ごとの間隔の長い幹線列車を避け、地方列車や市電を乗り継いで目的地に向かった。

もっとも、列車に乗らなくても危険はあった。夫マックスはあるとき、四十キロ離れた次の潜

| 潜伏期間 | 匿ってくれた救援者 | 救援者の職業 | 救援者の住所（夫妻の潜伏先） | 潜伏者 |
|---|---|---|---|---|
| 1943年8月8日—8月9日 | K. ミュラー | 牧師 | シュツットガルト | 夫妻 |
| 8月9日—8月30日 | E. シュテフラー（1回目） | 牧師 | エスリンゲン | 夫妻 |
| 8月31日—10月4日 | M. ヒュンリッヒ | 教員 | ニュルティンゲン | 妻のみ |
| 8月31日—9月27日 | R. ゲルツ | 牧師 | チュービンゲン | 夫のみ |
| 9月28日—10月4日 | E. ラップ | 牧師 | ニュルティンゲン | 夫のみ |
| 10月5日—10月10日 | E. シュテフラー（2回目） | 牧師 | エスリンゲン | 夫妻 |
| 10月11日—11月11日 | S. ディルガー | 牧師 | シュツットガルト | 夫妻 |
| 11月11日—12月11日 | D. デレカット | 牧師 | シュツットガルト | 妻のみ |
| 11月11日—12月11日 | H. マウラー | 宣教師 | レオンベルク | 夫のみ |
| 12月12日—12月18日 | G. A. シュライバー | 牧師 | シュツットガルト | 夫妻 |
| 12月19日—1944年1月17日 | O. メリケ（1回目） | 牧師 | レオンベルク | 夫妻 |
| 1月18日—1月31日 | H. ツェラー（1回目） | 教区監督 | ヴァイプリンゲン | 夫妻 |
| 2月1日—2月23日 | K. ミヒェル | エンジニア | シュツットガルト | 夫妻 |
| 2月24日—3月16日 | A. キムミッヒ | 牧師 | ヴァイプリンゲン | 夫妻 |
| 約3週間半 | T. ディッパー（1回目） | 牧師 | エスリンゲン | 夫のみ |
| 2週間 | T. ディッパー（2回目） | 牧師 | エスリンゲン | 妻のみ |
| 約2週間（4月6日まで） | E. パルマー | 牧師 | ヴァイプリンゲン | 妻のみ |
| 3日間 | P. ホルンベルガー | 牧師 | エスリンゲン | 夫のみ |
| 1晩 | P シュミット（1回目） | 牧師 | エスリンゲン | 夫のみ |
| 約2週間（5月6日まで） | O. リーム | 牧師 | プフォルツハイム | 夫妻 |
| 5月6日—5月7日 | 児童養護施設 | | プフォルツハイム | 夫妻 |
| 5月8日—6月5日 | R. ロラー | 牧師 | ファイヒンゲン | 夫妻 |
| 6月6日—6月15日 | O. メリケ（2回目） | 牧師 | レオンベルク | 妻のみ |
| 6月6日—6月15日 | P. エシッヒ | 教会の女性雇い人 | レオンベルク | 夫のみ |
| 6月16日 | R. ヘルト | 牧師 | カルフ | 夫妻 |
| 約3週間半 | A. ブレヒト | 教区監督 | カルフ | 夫妻 |
| 7月10日 | J. ヴァール | 牧師 | レオンベルク | 夫妻 |
| 7月11日 | E. イメンデルファーと娘（1回目） | 農民 | レオンベルク | 夫妻 |
| 7月12日—8月9日 | A. ショイアーマン | 農民 | ファイヒンゲン | 夫妻 |
| 〃 | A. カーク | 農民 | ファイヒンゲン | 夫妻 |
| 8月22日まで | P. ハール | 牧師 | シュツットガルト | 夫妻 |
| 9月20日まで | E. ゲース | 牧師夫人 | レオンベルク | 夫妻 |
| 9月21日—10月12日 | E. イメンデルファーと娘（2回目） | 農民 | レオンベルク | 夫妻 |
| 10月13日 | E. シュテフラー（3回目） | 牧師 | エスリンゲン | 夫妻 |
| 10月14日—10月30日 | ヴェルナー | 牧師夫人 | ロイトリンゲン | 夫妻 |
| 11月13日まで | K. ユンク | 牧師 | ニュルティンゲン | 夫妻 |
| 11月17日まで | R. クラインクネヒト | 薬剤師 | ロイトリンゲン | 夫妻 |
| 11月22日まで | E. H. バイアーバッハ | 牧師夫人 | ロイトリンゲン | 夫妻 |
| 12月1日まで | R. ライト | 牧師 | ロイトリンゲン | 夫妻 |
| 12月14日まで | E. エルゼッサー | 牧師の未亡人とその母親 | ロイトリンゲン | 夫妻 |
| 12月17日まで | S. リットマン | 牧師 | ロイトリンゲン | 夫妻 |
| 12月20日まで | G. ヘツェル | 牧師 | ニュルティンゲン | 夫のみ |
| 12月20日まで | デック夫人 | | ニュルティンゲン | 妻のみ |
| 12月21日—1945年1月15日 | T. ディッパー（3回目） | 牧師 | エスリンゲン | 夫妻 |
| 1月16日—2月1日 | ボップ夫人 | 鉄道職員の妻 | エスリンゲン | 夫妻 |
| 2月2日—2月3日 | P. シュミット（2回目） | 牧師 | エスリンゲン | 夫妻 |
| 2月4日—2月9日 | G. ヘルメリンク | 牧師 | ベプリンゲン | 夫妻 |
| 〃 | ミュラー夫人 | | ベプリンゲン | 夫妻 |
| 2月18日まで | E. クラインクネヒト | 牧師夫人 | ベプリンゲン | 夫妻 |
| 3月16日まで | E. アイゼンマン | 牧師 | ベプリンゲン | 夫妻 |
| 3月17日 | ビッツアー | 工場主 | ベプリンゲン | 夫妻 |
| 3月18日—3月20日 | H. ツェラー（2回目） | 教区監督 | ヴァイプリンゲン | 夫妻 |
| 3月21日—3月27日 | ベック | 牧師夫人 | ヴァイプリンゲン | 夫妻 |
| 3月28日—4月10日 | H. ツェラー（3回目） | 教区監督 | ヴァイプリンゲン | 夫妻 |
| 4月11日—4月23日 | H. シュピート | 牧師夫人 | ヴァイプリンゲン | 夫妻 |
| 4月24日以降 | H. ツェラー（4回目） | 教区監督 | ヴァイプリンゲン | 夫妻 |

ヴュルテンベルクでのクラカウアー夫妻の潜伏先（1943年8月8日から終戦まで）
（ヴェッテ　前掲書による）

ヴュルテンベルク周辺地図（1934-1945年）

伏先に自転車で向かう途中で自転車に乗った警察官の姿を目撃し、強い恐怖に襲われた。こうして、次の潜伏先までユダヤ人たちを安全に送り届けることも、しばしば救援者たちの役割となった。夫妻を三回にわたって匿ったシュテフラー牧師一家の娘ルートは、牧師夫人である母親の行動について、のちにこう振り返っている。

私の母は、「タクシー」を使ってしょっちゅう、牧師館と牧師館の間をつなぐために行き来していました。「タクシー」というのは、車を運転していた女性を指す隠語で、車にはタクシーの標識はありませんでしたが、正規のタクシーと同じ金額の料金を支払っていました。この女性はしばしば、次の潜伏先を探す役割も担っていました。

（ヴェッテ　前掲書）

車は、潜伏者を次の潜伏先に送り届けるだけでなく、離れた場所にいる救援仲間に必要な情報を伝達する際の移動手段としても重要であった。「タクシー」と呼ばれた女性もまた、救援者のひとりだったのだろう。車の利用については、会社を経営する救援メンバーが社用車で潜伏者を送り届けることもあった。

車の利用が難しい場合でも、救援者たちはさまざまな方法で潜伏者の移動を手助けした。救援ネットワークのメンバーである牧師オットー・メリケの十五歳の息子フリーダーと養子のヴァルターは、クラカウアー夫妻がどの道を通れば安全かを事前に把握するため、「少年たちの無邪気なサイクリング」を装って経路の下見をした。警察官は農道にもいた。夫妻が徒歩で移動する際には、「祖父母と孫ののどかな散歩」に見せかけるために、救援者の幼い子どもたちが同行した。

救援者の助力は心理精神面にも及んだ。片時も解放されることのない緊張感と恐怖はクラカウアー夫妻の心を容赦なく蝕み、ふたりは神経衰弱の状態となった。

ヴュルテンベルクのネットワークに保護されたユダヤ人のなかには、苦痛を忘れるため酒や煙草に頼る者も多かった。クラカウアー夫妻も酒と煙草を常用し、切れると禁断症状が出るほどだった。あるとき夫妻は、そのときの潜伏先であったアイゼンマン牧師の息子に、煙草を買ってきてほしいと頼んだ。息子は夫妻の要望に応じてなじみの商店で煙草を購入したが、後でこの話を聞いたアイゼンマン牧師の夫人は商店主の密告を恐れ、しばらくの間不安の日々を過ごしたという。商店主は、アイゼンマン一家が喫煙も飲酒もしないことを熟知していたからである。

こうしてクラカウアー夫妻はヴュルテンベルクの人びとに守られ、無事に終戦を迎えた。夫マックスは、解放の瞬間の感激を後年次のように語っている。

一九四五年四月二十一日の十六時だった。表通りで誰かが叫んだ。
「アメリカ軍の戦車だ！」
私は妻と顔を見合わせた。ふたりとも、もう声にならなかった。だがもはやことばに出す必要などなかった。互いの顔に、どんなことばよりも雄弁にこう書かれていた。「娘に会える！」

クラカウアー夫妻をめぐる救援活動の特徴は、なんといっても広範囲に及んだ救援者同士の連帯にある。ベルリンにいた夫妻をポンメルンから再度ベルリンを経てヴュルテンベルクにまで逃がすことができたのは、全国規模での聖職者たちの絆があったからこそである。だが特筆すべきは、やはり一年八か月にも及んだヴュルテンベルクでの生活だろう。緻密な計画と役割分担によって構造化された救援活動は、これまでに見てきた小規模の救援活動とはかなり趣が異なる。救援者にとっては、協力し合う仲間が多数であればあるほど、善意や信念といった心的な動機だけでは不十分であり、仲間や被救援者を危険から守る冷静な判断力や、互いの緊密な連絡調整等が必要となった。

クラカウアー夫妻が生き延びた背景には、二百人を超える人びとの連帯と協力があったが、彼らが夫妻に提供したのは、潜伏場所と食料だけではなかった。救援者たちは夫妻の苦難に寄り添い、彼らの苦痛を少しでも和らげようと努めた。その一方で救援者自身もまたさまざまな困難を背負い、人生と闘っていた。救援活動に関与した牧師のなかには、第一次世界大戦への従軍で脚を失い、義足の生活を送る者もいた。救う者と救われる者という関係性を超越し、彼らは互いに人間同士としての絆を深めていったのである。

救援者と被救援者との心の結びつきが、潜伏ユダヤ人にとって重要な支えとなった事例はクラカウアー夫妻に限らない。ラルフ・ノイマンは、学ぶ喜びを教えてくれたエリザベート・アベックを恩師として尊敬し、温かく包みこんでくれるアグネス・ヴェントラントを母と慕った。ハンニ・ヴァイセンベルクも、共に暮らす救援者コルツァーを「母さん」と呼んだ。まだ十代だったふたりにとって、救援者は母親の温かさを思い出させてくれる存在でもあったのだろう。さらに、救援者との関係に家族のぬくもりを求めたのは、若者たちだけではなかった。ルート・アブラハムは、夫ヴァルターが身を寄せるゲーデ夫妻に、身内のような感情を抱いていた。

家族を理不尽に殺害されたユダヤ人たちにとって、ときに救援者は安らぎを与える家族のような存在にもなったのである。

## 3　ユダヤ人による自助と救援――カウフマン・ネットワーク

### 国内最大級の救援ネットワーク

クラカウアー夫妻の救援は、多数の人びとによる見事なまでの連携が功を奏した事例である。ヴュルテンベルクでの救援組織については、総勢二百人の大規模グループではなく、教区ごとに組織された小さなグループを聖職者たちが要となって結んだネットワークとして解釈するのが正確だが、それにしても二百人もの人びとが密告の目をかいくぐり、相互の協力のもとでユダヤ人を守り抜いた行動は見事としかいいようがない。

だがそれにもまして、ドイツ国内に大規模なネットワークによる救援が存在したという事実がある。元弁護士のフランツ・カウフマンが、ベルリンを中心に展開した活動はその典型例である。総勢で四百人を数えたとされるカウフマンの救援者ネットワークは、ドイツ国内でも最大規模のものであった。その連携はベルリン内にとどまらず、遠く南ドイツのヴュルテンベルクにまで及んだ。

カウフマン・ネットワークのもつ最大の特徴は、指導者であるカウフマン自身がユダヤ人であったこと、そして活動に関与した者にも多数のユダヤ人が含まれていたことにある。

カウフマン・ネットワークの協力者には、ドイツ人の配偶者をもつ「混血婚」のユダヤ人や、ユダヤ人とドイツ人の間に生まれた「混血児（「半ユダヤ人」）」から、救援を求める立場であるはずの潜伏ユダヤ人までいた。もちろん、ネットワークには多数のドイツ人協力者も含まれていた。協力者の多くは告白教会の聖職者や信者であったが、それだけでなくカウフマンの法律家仲間や政治家もいた。彼は豊富な人脈を駆使し、潜伏ユダヤ人のために大量の身分証明書を偽造した。

カウフマン・ネットワークの活動は、ナチス時代のユダヤ人が決してドイツ人の保護に依存するだけの存在ではなかったことを示すものである。そこで、カウフマンと彼の協力者たちの活動を通じて、ユダヤ人は自らと同胞の命を守るためにどう闘ったのか、さらにその闘いにドイツ人救援者たちがいかに関与したかを見ていくことにしよう。

### ユダヤ人弁護士カウフマン

カウフマンは一八八六年、三人兄弟の末子としてベルリンに生まれた。父は弁護士であった。

両親の方針によって息子たちはユダヤ人でありながらキリスト教徒として育てられ、プロテスタント教会で洗礼も受けている。大学で法律を学び、父やふたりの兄と同じ弁護士の道に進んだ彼は、第一次世界大戦への従軍を経て、国家や州財政の専門家として腕をふるった。法学で博士の学位を取得し、一九二二年プロイセン内務省の地方財政担当官となったのち、一九二八年には国家財政緊縮委員会の特別委員も歴任している。その間、私生活では一九一九年にユダヤ人とドイツ人の間に生まれた混血女性と最初の結婚をし、一男一女にも恵まれたが、妻は一九三一年に死亡した。前妻との死別から三年後、四十八歳のカウフマンはマルゴット・フォン・ヴァルターという貴族階級出身のドイツ人女性と結ばれた。マルゴットは三十四歳だった。ニュルンベルク人種法によって、ドイツ人とユダヤ人の婚姻が禁止される前年のことである。

フランツ・カウフマン

　マルゴットと結ばれ、さらにキリスト教の洗礼を受けた子どもをもつことで、カウフマンはさまざまな優遇措置を与えられる立場となり、強制移送も猶予された。もし彼女との結婚がなければ、カウフマンは他者を救うどころか、自らが強制移送の対象となっていただろう。その意味では、マルゴットの存在なしに彼の救援活動はあり得なかった。

　とはいえ、彼は当初からユダヤ人同胞の救援を志していたわけではなかった。一九三五年、ナチスによって早期退職に追い込まれると、カウフマンは妻とともに国外に逃れようとした。一九三八年十二月、妻のマルゴットはスイスにあるユダヤ人救援組織「ドイツ告白教会スイス救援事業所」を訪ね、主要なメンバーのひとりレーヌス・ゲルプケ牧師に夫を救ってほしいと訴えている。だが、返ってきた答えはつれなかった。前月の十一月に起きた「水晶の夜」事件以来、事務所の処理能力をはるかに超える救援依頼が押し寄せ、これ以上新規の依頼を受け入れることは不可能だ、とゲルプケは次マルゴットに告げたのである。スイスへの移住を望んでいた夫妻は失望したが、やむを得ず、次にアメリカ領事館に出向いて移住の申請手続きをとった。だが、ここでもふたりは絶望的な現実に直面する。夫妻が領事館から渡された受付番号は六万七百三十三番、つまり、すでに六万人を超える待機者がアメリカへの出国を待っていたのである。

## 法律家の覚悟

結局、カウフマン夫妻は国外移住の機会を得られないまま、ドイツに取り残された。なお、ふたりの兄はそれぞれ、家族とともに無事に国外に逃れていた。

失意の彼は神学と社会学の研究に打ち込むようになる。学問に没頭することで、精神的苦痛や不安から逃れようとしたのだろう。だが、その学問を深める過程で一九四〇年、告白教会メンバーによる聖書研究グループに関与したことが、彼のその後の運命を決定づけることとなる。

神学を学び、さらには告白教会関係者たちとの交流を深めるなかで、ユダヤ人がおかれた悲惨な立場を直視したカウフマンは、次第に「救いを求める側」ではなく「被迫害者を救う側」としての役割を自覚するようになっていった。そして彼は、前述のハインリヒ・グリューバーが設立した「グリューバー事務所」でユダヤ人救援に協力するようになる。

もっとも、彼の当初の役割は法律専門家の立場から活動に助言を行う程度だった。彼がめざしたのは、あくまでも法律に背かない範囲と方法でユダヤ人を手助けすることであった。高い教育を受けた者として、自ら不法行為に手を染めることにはやはり抵抗があっただろうし、露見した場合の報復を恐れる感情もはたらいたのだろう。だがそれに加えて、法律家である彼は現代社会に実在する「国家」として、ナチスに対する最低限の信頼を失いたくなかったのだと思われる。

政権成立以来、国民としての権利を奪われ、社会的地位や財産を剝奪されてもなお、迫害には限度があり、命まで奪うような蛮行はすまいという最後の信頼が残っていたのだろう。

じつは、こうした発想は、教養あるユダヤ人指導者に共通してみられた。例えば、社会学者でありのちに移送先のテレジエンシュタットで収容者たちの「長老」として行動したパウル・エップシュタインは、当初地下への潜伏は国家に背く行為だと考え、「法を犯すべきではない」とユダヤ人同胞に警告している。また、若いシオニストたちのリーダーであったアルフレート・ゼルビガーもまた、移送命令に背くことに批判的だった。彼らはナチスの報復を警戒し、国家に従順な態度をとることで、最悪の結果を回避できると期待したのである。

だが、そのようなカウフマンの幻想はあっけなく崩れ去る。強制移送開始の一年前、一九四〇年十月にヴェストマルク大管区（現在のプファルツ、ザールラント、アルザス＝ロレーヌを含む地域）に住む一万人のユダヤ人がフランスのゲットーに移送された事件は、カウフマンのそれまでの思考を決定的に打ち砕いた。もはやアーリア人種至上の不法なナチス国家への信頼など無意味であった。この事件をきっかけに、彼は自ら救援活動の主導者となりあらゆる手を尽くす責務を自身に課していったのである。

## 救援活動の開始

一九四一年十月にベルリンでユダヤ人の強制移送が始まると、カウフマンを含む「グリューバー事務所」の関係者たちには新たな仕事が加わった。彼らは、ユダヤ人を手助けする個々の信者たちに必要な助言を与え、移送された人びとのために強制収容所に救援物資を送るようになったのである。移送を控えたユダヤ人キリスト教徒のために、神の祝福を与える儀式を執り行うことも事務所関係者の役割となった。

こうした状況のなかでカウフマンがまず行ったのは、プロイセン内務省時代の知人たちに連絡を取ることであった。彼らの協力により、カウフマンは救いを求めてくるユダヤ人たちを移送対象から除外し、ふたたびドイツ社会のなかで生きられるよう、新たな強制労働先も斡旋してやった。この時点でもまだ、カウフマンは「合法の範囲で」救援を行おうとしていたのである。

カウフマンが「不法行為」である身分証明書の偽造に手を染めるようになったのは、一九四二年夏であった。移送が迫っていた聖書研究グループの仲間ベアーテ・シュテックハンのために、彼は「ドイツ人エディット・ユッケリンク」の偽名で身分証明書を作成してやったのである。シュテックハンは、証明書を受け取るとただちにベルリンからヴュルテンベルクに逃げ延び、クラカウアー夫妻と同じ救援者ネットワークに匿われた。

## 身分証明書偽造という「錬金術」

強制移送から潜伏ユダヤ人を守るためには、偽造身分証明書によって彼らを「ドイツ人」にしてやる以外に方法がないと悟ったカウフマンは、身分証明書の偽造に本格的に着手した。可能な限り精巧な証明書を大量に製作し、潜伏者たちに行き渡らせようとしたのである。

身分証明書の偽造は、ユダヤ人をドイツ市民へと生まれ変わらせるためのいわば「錬金術」だった。カウフマンはユダヤ人を守るため、不法国家に不法行為をもって対峙したのである。政権奪取以来、ナチスはユダヤ人排除の正当性が科学に裏打ちされたものであると繰り返し主張した。子どもたちは学校で、ユダヤ人とドイツ人を容貌によって見分ける方法を教えられた。だが結局のところ、その人物がユダヤ人かどうかを判断する手段は身分証明書という名の紙切れ一枚しかなかった。多数の潜伏者たちが偽造身分証明書によって移送を逃れた事実は、その現実を雄弁に物語る。

自ら不法行為を主導する覚悟をしたカウフマンは、もはや躊躇しなかった。彼は、偽造証明書や配給券の取引で利益を得ている闇業者たちとも取引するようになった。不特定多数の潜伏者たちに証明書を行き渡らせるには、闇市との協力関係が必須だったからである。

闇業者とカウフマンの協力関係とは具体的にどのようなものだったのか。協力者間の連絡係を務めていたエルンスト・ハラーマン（ハラーマンについては第四章で詳述）によれば、カウフマンは闇業者たちが集めてきたドイツ人や外国人の身分証明書を「台紙」として、それをユダヤ人用に加工する作業を請け負っていたという。ドイツ人の父とユダヤ人の母をもつ「混血者」のハラーマンは、先に述べたユダヤ人自助グループ「チャク・シァルジィ」のメンバーだった。カウフマンのもとでの自分の役割について、ハラーマンはこう証言する。

私の仕事は、闇業者との取引から戻ってきたカウフマンに会いに行くことでした。彼は闇業者から受け取った証明書の台紙を私に手渡し、私は作業済みの証明書を彼に渡しました。ゼガールやノイヴェックと会って、彼らに証明書の台紙や厳封された封筒を渡すよう命じられることもありましたし、作業済みの証明書をカウフマンのところに運ぶこともありました。

（ルドルフ『死に向かう救援』）

### クラカウアー夫妻が出会ったカウフマン

この証言から、カウフマンたちの活動には明確な役割分担が存在したことがみてとれる。ゼガールとノイヴェックは、いずれも闇市の商売を取り仕切る潜伏ユダヤ人であった。

当時、潜伏ユダヤ人が所持していた偽造身分証明書にはいくつかの種類があった。台紙そのものが偽造品であるような粗悪品もあれば、かつてドイツ人やドイツ居住の外国人が所有していた本物の身分証明書を「台紙」として流用したものもあった。こうした〝本物の証明書〟は、法外な値段で取引された。「台紙」の多くは空襲で命を落とした人びとの遺品であったが、闇業者はそれ以外にもさまざまな手を使って偽造に使える「台紙」をかき集めていた。

身分証明書には、発行都市、証明書番号、有効期限の他、氏名、生年月日、出身地、職業などの記載欄があり、そこに本人の指紋、署名、顔写真が添付されていた。写真の上には、身分証明書の発行元である警察管区の公印が押されていた。偽造の主な作業は、所有者の顔写真を潜伏者のものに貼り換え、公印を手書きで再現することであった。

だが、公印を手書きで正確に再現するには高い技術力が必要であった。稚拙な作業が原因で偽造が発覚すれば、それを所持するユダヤ人はもとより、偽造者たちにとっても命取りになるからだ。その意味で、証明書の加工作業は誰にでもできる仕事ではなかった。

カウフマンは闇業者から「台紙」を受け取ると、それをハラーマンら「連絡係」を介して加工作業者に託した。完成品は再びカウフマンの手を経て闇業者の元に戻された。ゼガールによると、ベルリン市シュレジッシャー駅付近にある闇取引所では、身分証明書には千五百マルク（歴史家ゲッツ・アリーによれば、現在の約一万五千ユーロに相当する）、郵便局の証明書でさえ最低八百マルク（八千ユーロ）もの高値がつけられていた。ゼガールが訪れたとき、その取引所には十五部ほどの身分証明書が並んでいた。すべて、カウフマンたちの作業によるものだった。

偽造身分証明書を扱う闇取引所がどのような場所であったかについては、前述のクラカウアー夫妻の証言がある。じつはクラカウアー夫妻は、ポンメルンからベルリンに戻ったのち、潜伏先のヴュルテンベルクに移る直前に、身分証明書を購入しようとして闇業者のもとを訪ねていた。そのときの状況はこうである。

（事前に指示されていた）アレクサンダー広場にあるその場所は、知らない者には見つけられないところにあった。約束の時間きっかりに、男が声をかけてきた。「あなたが、書類をお入り用の方ですね？」。私は黙っていた。部屋の真ん中に大きな丸テーブルがあり、その上にドイツ人の身分証明書、パスポート、証書から国内外に住む外国人の身分証明書にいたるまであらゆる種類の証明書が山のように積まれていた。ひとりの男が妻に耳打ちした。「どれも本物ですよ」。

（クラカウアー　前掲書）

クラカウアー夫妻がこの場所に足を運んだのは、あるドイツ人女性の助言によるものだった。告白教会の信者としてユダヤ人救援活動に従事していたその女性は、アッカーマンから譲り受けた簡易の証明書しか所持していない夫妻を心配し、潜伏者のために身分証明書の調達にかかわっているカウフマンの存在を教えてくれたのである。夫妻はさっそくカウフマンの自宅を訪ねた。呼び鈴を押すと、秘書らしい女性が出てきた。

「カウフマンさんとお話ししたいのですが」

「どのようなご用件でしょうか」

「個人的な用件、としか申し上げられません」

「カウフマン氏はお話しになれません。今、外出中です。誰からこの場所をお聞きになりましたか」

するとそこに見知らぬ男性が現れた。男性は女性に言った。

「君は席を外してくれ。私はこれからクラカウアーさんと個人的な話があるから」

（クラカウアー　前掲書）


男性のことばを聞いてクラカウアーは驚愕した。アッカーマンから証明書を受け取って以来、夫妻は一貫して「アッカーマン」の名で生活してきたからだ。救援者たちも彼をアッカーマンと呼んでいた。この場所を紹介してくれた女性救援者にも、本名を伝えたことはない。それなのになぜ、目の前に現れたこの男性は自分がクラカウアーだと知っているのか。恐怖がクラカウアーを襲った。だが次の瞬間、恐怖は感動に変わった。男性はクラカウアーを励ますように、静かに肩を叩いた。この男性こそカウフマンであった。彼はたった今まで、クラカウアーのための身分証明書を手配するため、身分証明書の「作業場」に出向いていたのである。カウフマンは、クラカウアーにアレクサンダー広場にある某所を訪ねるよう指示した。そこが偽造身分証明書の受け渡し場所だということだったのである。

**自助・共助・救援**

カウフマンはクラカウアーに対し、自分は告白教会の関係者で、潜伏ユダヤ人のために活動していると語ったという。

だが残念ながら、クラカウアー夫妻は結局身分証明書を手に入れることはできなかった。闇取引所の男は、作業を請け負った「職人」からまだ完成品が届いていないと説明した。作業が間に合わなかっただけなのか、あるいは作業者がひそかにクラカウアーの台紙を流用し、別の潜伏者用の証明書に作り替えて横流ししたのかは不明である。作業に携わっていた潜伏ユダヤ人たちにとっては、カウフマンの「下請け」として働くより、別の闇業者に横流しするほうが危険だが良い稼ぎになったからである。

では、潜伏ユダヤ人たちはなぜカウフマンに協力したのか。彼らにはむろん、同じ立場におかれたユダヤ人同胞を手助けする意図もあったし、ナチスに対する反発や憎悪を示すせめてもの手段でもあった。カウフマンの活動には、シオニストの自助グループ「チャク・シァルジィ」のリーダー、エディット・ヴォルフや先に挙げたハラーマンを含め、グループの複数名のメンバーも加わっている。だが、そうした反ナチや同胞救援の意志に加えて、カウフマンの活動の重要な特徴は、ユダヤ人協力者たちがカウフマンから報酬を得ていた点にある。潜伏者たちは証明書の偽造を請け負い、出来高に応じて謝礼を受け取った。潜伏者たちが製作に関与した偽造身分証明書は、入手した者の安全を守るものとなったが、同時に偽造者自身の生活手段ともなっていた。つまり偽造者たちにとって、カウフマンの活動への関与は、自分の生活を守る「自助」の手段でありながら、同時にユダヤ人同胞を救う「共助」としても成立していたのである。

カウフマンとはどのような人物だったのか。生き延びた協力者の回想をもとに、改めてその実像に迫ってみたい。職業訓練学校でグラフィックデザインを学んだ二十歳のユダヤ人シオマ・シェーンハウス（第二章参照）は、高い技術力を見込まれ、一九四二年十二月にカウフマンの協力者となった。シェーンハウスに対し、カウフマンの活動に協力するよう勧めたのは、強制労働先の工場で知り合ったユダヤ人仲間のヴァルター・ヘイマンだった。ヘイマンは言った。

カウフマンは、たぐいまれな人間だ。彼は今でも精神的には不正を憎む正しいドイツ政府高官で、もっとも善良なドイツ人なんだ。たとえ不法な活動はしていても、彼には、絶対といえるほどの道徳的な誠実さがある。もし彼のもとで働くようになれば、君は報酬として闇で不正に入手した食料配給券を受け取るだろう。でももし君が欲を出して、わずかでも必要以上の量の配給券を要求すれば、彼は即座に君を首にする。彼はそういう人間だ。

（シェーンハウス『偽造者』）

ナチスが台頭するまでジャーナリストとして活躍していたヘイマンは、カウフマンの人間性を高く評価していた。彼は言った。カウフマンはたしかにユダヤ人だが、潜伏ユダヤ人である自分たちとはまったく立場が違う。生粋のキリスト教徒で、ワイマール期には政府の要職を歴任してきた。しかもドイツ人の妻は貴族階級の出身だ。彼はダビデの星の着用を免除されているし、彼の身分証明書には、ユダヤ人であることを示す「J」の印もない。彼は「ドイツ人」としての生活を許されている身なのだ。にもかかわらず、彼はユダヤ人同胞を助けるために、あえて途方もない危険を背負う道を選んでいるのだ。彼は、用心や警戒のために行動しないのは臆病者だと考えている。彼はこう言うのだ。「敵の塹壕を攻撃したいならば、用心などしている余裕はない。危険を直視する勇気が必要なのだ」と。

ヘイマンのことばから見えてくるのは、カウフマンの強い規範意識である。彼はユダヤ人を守るために、法律上の正しさではなく「人間としての正義」を拠り所とした。だが、法の専門家であった彼にとって、たとえそれがいかなる悪法であったとしても、不法行為に手を染めることは自身の半生を否定するにも等しい苦痛であった。彼が潜伏ユダヤ人に対してさえ、必要以上の不正を許さなかったのは、法律家としてのせめてもの良心であったのだろう。

### ユダヤ人による量産体制

カウフマンによる救援活動とは、指導者であるカウフマンのもとでユダヤ人たちが身分証明書を偽造し、それを闇で流通させるというものであった。活動に協力するユダヤ人たちは、報酬として食料配給券を受け取ったが、それもまた、多くは闇市で入手されたものだった。カウフマンは加工した身分証明書を闇業者に売り、その利益で闇業者から配給券を購入した。闇業者との取引には、ユダヤ人協力者たちも関与した。潜伏ユダヤ人のなかには、生活上の必要からもともと闇市に出入りしている者も多かったから（第二章参照）、闇業者に「顔のきく」彼らが関与することは取引を円滑に進めるために有効であった。

活動を軌道に乗せ、多くの偽造身分証明書を流通させるためには人手が必要だったが、その人材をカウフマンに紹介したのもまた、ユダヤ人たちであった。なかでも「チャク・シァルジィ」の中心人物であった前述の「混血者」エディット・ヴォルフは、カウフマンの有力な協力者として前述のハラーマンやゼガール、シオマ・シェーンハウスらを彼に紹介し、ネットワークの拡大に貢献した。

では、カウフマンの活動に関与したユダヤ人はどれくらいいたのか。一九四二年夏の時点で身分証明書の偽造に関与していたユダヤ人は六人、食料配給券の不正入手にかかわっていた者は十五人であったが、それからわずか半年後には、身分証明書の偽造者は二十二人、食料配給券の調達者は三十四人にまで拡大した。カウフマン・ネットワークがいかに短期間に偽造身分証明書の「量産体制」を整えていったかがみてとれる。

### 加工作業の手順

カウフマン・ネットワークによる活動はどのように展開されたのか。とくに、カウフマンによる証明書偽造の指示に始まり、偽造者たちによる「作業」を経て、完成品をカウフマンに手渡すまでの一連のプロセスはどのようなものであったのか。シオマ・シェーンハウスによる戦後の回想をもとにたどってみよう。

シェーンハウスの場合、偽造の指示や完成品の受け渡しは「連絡係」を介さず、カウフマンとの直接のやりとりによって行われた。その際、カウフマンが取引場所として指定したのは、彼の自宅であった。カウフマンの自宅を訪ねた際の印象を、シェーンハウスは後にこう語っている。

カウフマンの瀟洒な邸宅は、古木の茂る広大な庭園のなかにあった。「さあ、入りたまえ。待っていたよ」。温和な態度でそう言い、彼は私を古風な書斎へと導いた。部屋には革張りの肘掛け椅子があり、葉巻たばこをふかした匂いが残っていた。

（シェーンハウス　前掲書）

シェーンハウスのことばから、ドイツに住む他のユダヤ人が次々に移送されていくさなかにあって、元政府の高官であり、ドイツ人貴族階級出身の妻をもつカウフマンには特別な保護と豊かな生活が許されていた事実がうかがえる。

とはいえ、偽造の取引場所として自宅を使う行為は、一見あまりにも無防備に思える。だが、じつはこれにはゲシュタポに対するカウフマンの深い洞察があった。カウフマンは言った。ゲシュタポの職員たちは、犯罪者というのは、闇に紛れてこそこそと行動するものだと信じ込んでいる。彼らは犯罪学を深く学んでいないからね。だから私は、彼らの先入観を逆手に取り、あえて自宅を使うのだ。このほうが夜の暗がりのなかで待ち合わせをするよりはるかに安全なのだ。

シェーンハウスは毎週金曜日の夜六時にカウフマンの自宅を訪ねるようになった。シェーンハウスは作業を終えた身分証明書を持参し、それと引き換えにカウフマンから新たな作業用の「台紙」を受け取った。渡される台紙は毎回十部から十二部ほどあった。作業に際して、シェーンハウスが証明書の依頼者と顔を合わせることはなく、依頼者もまた自分の証明書を実際に「作成」してくれたのが誰なのかを知らされることはなかった。このことについて、カウフマンはシェーンハウスにこう伝えている。「いいか、シェーンハウス。君は決して依頼者に会うことはない。それが私の活動の鉄則なのだ。君が証明書を作ってやる相手は、君が誰かを知る機会はない。それはもし最悪のことが起こったとき、彼らの裏切りから君を守るためだ」。

こうして、カウフマンから渡された台紙を自宅に持ち帰り、翌週までに完成させるのがシェーンハウスの生活となった。証明書の加工作業について、シェーンハウスは次のように回想している。

作業にはルーペ、日本の書道で使う細い筆、そして水彩絵の具を使う。偽造の手順は次のとおりだ。最初の作業は、「台紙」に押された公印の鷲と鉤十字の紋章を、他の紙に再現することだ。色もインクの濃さもまったく台紙と同じになるように描き写していく。次にこの絵の上から新聞紙を押し当てて、今描いた絵を新聞紙に写し取る。絵の具が乾かないうちに新聞紙をユダヤ人の写真の隅に押し付けると、「公印」が写真の上に現れる。アイレットを使い、依頼者の顔写真を台紙に貼り付ければ、「証明書」の完成だ。この証明書を持った瞬間から、その人物はもうユダヤ人ではなくなるのだ。

（シェーンハウス　前掲書）

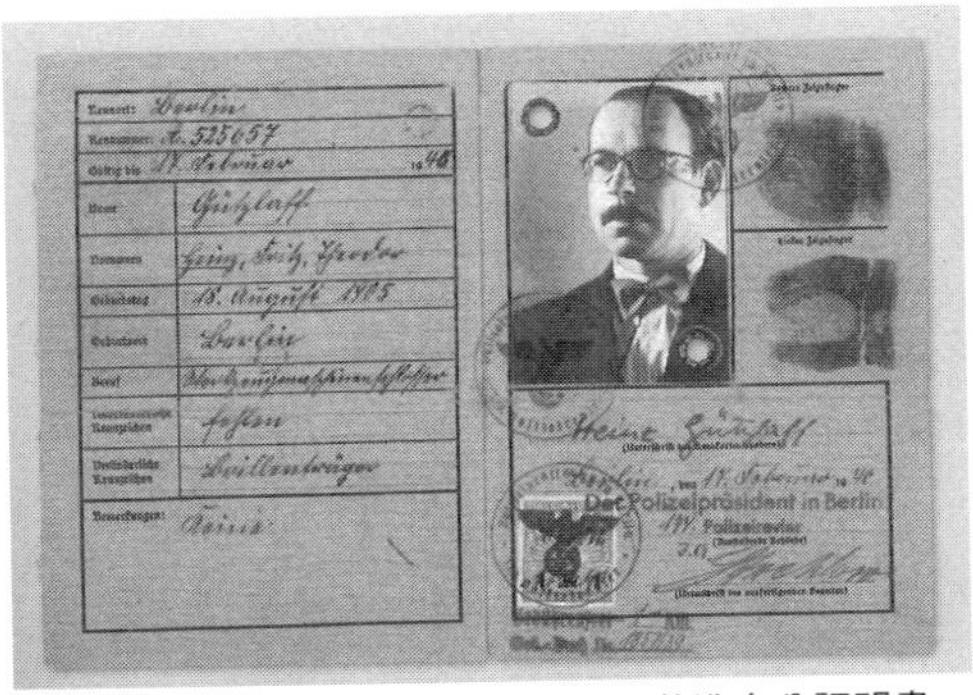

シオマ・シェーンハウスが作成した偽造身分証明書

シェーンハウスが手掛けた精巧な証明書は、カウフマンを大いに満足させた。だが、カウフマンに身分証明書の入手を依頼するユダヤ人のなかには、こんな要求をする者もいた。あるとき、カウフマンとシェーンハウスが打ち合わせをしていると、ひとりの年配女性が気色ばんで部屋に入ってきた。依頼者は決して偽造者と顔を合わせてはならないというルールを無視した行為である。女性は、「台紙」の職業欄に「ホテル客室係」と書かれていることが気に入らず、苦情を訴えに来たのである。

見るからに品の良い、白髪のその女性は言った。「ドクター・カウフマン、私は商業顧問官の妻なんですのよ。それなのにホテルの客室係だなんて。誰がどう見ても、そんな職業の人間には見えませんわ。この職業欄は書き換えてくださらなければ！」。

すでに述べたように、偽造身分証明書は通常、写真を依頼者のものと貼り換えるだけで、もともと「台紙」に書かれていた氏名や生年月日などの記載はそのまま活用する。手を加える箇所が増えれば増えるほど、偽造が露見する危険性が高まるからである。このユダヤ人女性の苦情は、ホテルで客室係として働く貧しい年配女性までが、ユダヤ人のために自分の身分証明書を差し出してくれた事実を示す。だが、かつて裕福だったこの商業顧問官夫人にとっては、身分証明書を提供してくれた者への感謝よりも、自分が卑しい身分の者とみなされる屈辱のほうが重要だった。

女性の剣幕に辟易したカウフマンは、こう答えてシェーンハウスに水を向けた。「奥様、それについては私ではどうにもなりません。専門家の意見を聞いてみなくては」。シェーンハウスは即座に言った。「無理ですね。職業欄は手書きで記されています。手書きの部分はいちばん偽造が発覚しやすい箇所なんです。証明書が使い物にならなくなりますよ」。

結局、商業顧問官夫人はしぶしぶ「ホテル客室係」と記載された身分証明書を受け取った。それから二週間後、スイスへの亡命を試みた彼女は、国境付近で警備隊に捕えられた。だが警備隊の詰所に連行されてきた彼女を見て、隊員のひとりが言った。「誰だい、この婆さんは。なんだ、ただのホテル掃除係じゃないか、さっさと解放してやれよ」。商業顧問官夫人は、「ホテル客室係」と書かれた身分証明書のおかげで釈放されたのである。

## ドイツ人による後方支援

このように見てくると、カウフマン・ネットワークとはユダヤ人や半ユダヤ人たちによる自助グループであり、活動を担っていたのも大半がユダヤ人だったかのように思えるが、彼らの活動の背後には、ユダヤ人よりもはるかに多数のドイツ人協力者がいた。では、ドイツ人たちはどのようにカウフマンの活動にかかわったのか。シェーンハウスは、一九四二年十二月に初めてカウフマンの自宅を訪ねた際、大量の身分証明書を見せられ、こんな説明を受けている。

いいかい、君。この身分証明書は教会の信者たちが寄付してくれたものだ。彼らは教会の募金箱に、現金の代わりに自分の証明書をこっそり入れてくれるのだ。この方法なら、彼らが冒す危険も少なくて済む。身分証明書の紛失は誰にでも起こりうることで、罰則の対象ではないからだ。

（シェーンハウス　前掲書）

このことばからもわかるように、ドイツ人救援者は、カウフマンたちのために自分の身分証明書を偽造用の「台紙」として差し出した。彼らは後日、身分証明書を紛失したと役所に届け出て、新たな証明書を受け取ることができた。

だからといって、この行為に危険がなかったわけではない。偽造の「台紙」として提供することは、潜伏ユダヤ人が自分の名を名乗り、自分の証明書を所持して生活することを意味する。もしその潜伏者が身元を疑われ、取り調べの対象になることがあれば、その累は当然、提供者にも及んだ。ルート・アブラハムと夫ヴァルターに証明書を提供したマリア・ニッケル夫妻がゲシュタポの取り調べを受けたのも、そのためであった（第二章参照）。ひとたび警察に嫌疑をかけられれば、救援者たちは自力で疑いを晴らし、窮地を切り抜けなければならない。たとえ証明書は紛失したとか盗まれたと主張するにしても、無事に釈放されるかどうかはわからない。ドイツ人たちは、そうしたリスクを承知のうえで潜伏者のために証明書を差し出したのである。

ドイツ人救援者たちが提供したのは身分証明書だけではなかった。自分や家族の食料配給券を差し出したり、現金を寄付する者もいた。活動に協力する潜伏ユダヤ人を自宅に匿う者もいた。

ドイツ人救援者のなかには、元女子ギムナジウム教師エリザベート・アベックと彼女の救援仲間たちもいた。アベックたちは「チャク・シァルジィ」のメンバーを含め、カウフマンの活動に関与するユダヤ人を多数匿った。いわば後方支援ともいうべきドイツ人たちの尽力なしに、カウフマンたちの活動はあり得なかった。しかし、こうしたドイツ人救援者からの提供があったにもかかわらず、カウフマンが闇業者からも身分証明書や配給券を入手していたのは、協力者からの提供分だけでは到底足りなかったからである。それほど彼の活動は大規模であった。

## ドイツ人協力者ヘレネ・ヤコブスの隣人愛

カウフマンに協力したドイツ人は告白教会の聖書研究グループの仲間から各宗派の信者や聖職者、法律家時代の仲間、政治家にいたるまで広範囲に及んだ。協力者のなかには、元プロイセン州の国務大臣兼財務大臣ヨハネス・ポーピッツもいる。ポーピッツはカウフマンにナチスの動向を伝えることで、カウフマンたちをゲシュタポの監視から守ろうと努めた。なお、ナチスに批判的だったポーピッツは、のちにドイツ国防軍将校らによるヒトラー暗殺未遂事件（いわゆる七月二十日事件）に関与した嫌疑で逮捕され、一九四五年二月二日、プレッツェンゼーの処刑室で絞首刑に処せられている。

あまたのドイツ人協力者のなかでもとくに重要な役割を担っていたのは、告白教会の仲間でもあるヘレネ・ヤコブスだった（第二章参照）。知識人サークルとの出会いでユダヤ人への敬意を心に刻んだヘレネは一九三九年、かつての上司として自身に勉学の機会を授けてくれたユダヤ人弁理士の一家をアメリカへ移住させる手助けをし（第二章参照）、それ以後、本格的にユダヤ人救援活動に関与するようになっていた。とくに翌年、告白教会でカウフマンと知り合ったことが彼女の運命を大きく動かす。カウフマンが身分証明書の偽造を始めてからは、偽造の作業を請け負う潜伏ユダヤ人たちを自宅に匿うだけでなく、カウフマンの秘書として彼を支え、教会関係の救援者たちのとりまとめ役も担った。ヘレネの暮らすアパートは、救援者たちがひそかに打ち合わせを行う集会所として使われた。さらにヘレネは、クラカウアー夫妻らを保護したヴュルテンベルクの聖職者たちとも定期的に連絡を取り合った。

ヘレネ・ヤコブス

カウフマン・ネットワークは、ヘレネを介して遠く離れたヴュルテンベルクの救援者ともつながりをもつようになった。ヴュルテンベルクの聖職者のなかには、自分たちが保護するユダヤ人のために遠くベルリンまで偽造身分証明書を受け取りに来る者もいた。クラカウアー夫妻を最初の晩に匿ったミュラー牧師も、そのひとりだった。彼は別れ際にヘレネやシオマにこう伝えている。「また、必ず証明書をいただきにまいります。これを必要としているユダヤ人が大勢いるのですから」。カウフマンたちによる偽造身分証明書はベルリン市内のみならず、遠地からも求められるようになっていたのである。

こうした活動を支えたヘレネ・ヤコブスとはどんな女性だったのか。一時期ヘレネのアパートに匿われていたシオマ・シェーンハウスの回想から探ってみよう。

毎朝、ヘレネのもとに八十歳になる彼女の伯母リーズヒェンが食べ物をもってやってきた。僕の仕事は、おいしい昼食を作ることだった。夕食が済むと、ヘレネと僕はワインを飲みながら語り合った。僕たちはふたりとも、自分たちが置かれている状況を唯々諾々と受け入れるつもりはなかった。僕たちはひとつの意見で一致した。世界は狭い。そしてますます小さくなりつつある。そうした状況のなかでは、ロシアの文豪トルストイが描いたような原始的なキリスト教こそ、人類すべてにとって必須のものになるべきだ。ひとたびキリスト教とユダヤ教の区別がなくなれば、反ユダヤ主義は自然に消滅していくだろうと。

（シェーンハウス　前掲書）

シェーンハウスの回想からみてとれるのは、ヘレネがいだくキリスト教徒としての素朴な信仰心である。彼女の言動からみて、彼女をユダヤ人救援へと駆り立てた原動力のひとつは、キリスト教徒としての信仰心にあったと考えて間違いないだろう。

ヘレネにとって信仰とはどのようなものだったのかを物語る出来事がある。

一九三三年にナチス政権が成立する以前、ヘレネには婚約者がいた。だがその男性は、他の多くのドイツ市民と同じようにヒトラーを信奉していた。ヒトラーこそがドイツを荒廃から救うことのできる唯一の存在だと信じていた婚約者は、ヘレネに言った。国家社会主義の若者は、隣人などという弱々しいキリスト教の発想から立ち直らなくてはいけない。肉食動物のような獰猛さを身に着けてこそ、我々は初めて敵を打ち負かすことができるのだと。

ヘレネは婚約者の言葉に同意できなかった。彼女は思った。残虐さを誇り、キリスト教が掲げる隣人愛を弱さと決めつけるような政府は、祖国を危険にさらすのではないか。破壊行為という若者は、常に最終的には自分の身に跳ね返ってくるものなのだから。以後、ナチス政権をめぐる若いふたりの認識が交じり合うことはなかった。ある日婚約者は、突撃隊の制服を身に着けてヘレネの前に現れた。それはふたりの恋の終わりを意味していた。

彼女の元を離れたのは婚約者だけではなかった。ユダヤ人の味方として行動する彼女を見て、家族も縁を切った。毎日訪ねてくる高齢の伯母は、たったひとりそばに残った彼女の身内だったのである。

## ユダヤ人の誇りを守るために

カウフマン・ネットワークに手を貸したドイツ人救援者の活動は、これまで見てきた種々のユダヤ人救援とはふたつの点で大きく異なる。

その特徴のひとつは、活動の中心がユダヤ人自身であり、ヘレネを含むドイツ人救援者は、活動が存続できるよう彼らを後方から支援していた点である。ユダヤ人たちがカウフマンの活動に加わったのは、生活の糧を得るためや同胞を手助けするためであったが、それに加えて、犯罪行為に加担することでナチスに屈しない意思を示したかったからだと思われる。迫害のただなかにおかれたユダヤ人たちにとって、同胞を匿い、不法行為である証明書の偽造に関与することそのものが、自分たちの抵抗を示すわずかな手段だった。彼らの活動を支えたヘレネたちドイツ人は、ユダヤ人の生命だけでなく、彼らの誇りを守るためにも協力したのである。

だが、身分証明書の偽造は重罪である。この点についてシオマ・シェーンハウスは、「見つかれば死罪だ」とのちに端的に語っている。この点に、ヘレネたちドイツ人の活動のもうひとつの特徴がある。彼女たちが匿い、支援したのは潜伏者にして犯罪者だった。当時のナチス・ドイツの国内において、潜伏ユダヤ人を匿っただけでは死刑になることはなかったが、その人物が偽造に手を染める犯罪者となれば話は別である。その意味で、ヘレネたちは「通常の」ユダヤ人救援よりもさらに決死の覚悟を必要とする活動に与していたのである。

# 第四章　守るべきもの　1943－1945

## 1　善意の代償

### 密告

一九四三年八月十九日、カウフマンは逮捕された。きっかけとなったのは、八月七日にゲシュタポに届けられた差出人不明の一通の手紙であった。そこにはこう書かれていた。

ユダヤ人について重要なご連絡をさせていただきます。私は少し前から、近所にユダヤ女を匿う者がいることに気付いていました。そのユダヤ女はダビデの星を身につけていません。女の名はロッテ・ブルーメンフェルトといいます。彼女は私の家の向かいの建物の三階で、ライヒェルトという女性に匿われています。住所はベルリン市パッサウアー通り三十八番地です。今すぐに何とかすべきです。朝早く職員を送り込んで、一刻も早くこの女を捕まえてください。

このユダヤ女はもともとこの建物に住んでいました。そのころからいつも厚かましくて高慢ちきでした。でも早くあなた方が捕まえてくださらなければ、この女はまたどこかに行方をくらましてしまうかもしれません。

ハイル・ヒトラー

（シェーンハウス『偽造者』、ルドルフ『死に向かう救援』）

密告を受けたゲシュタポは即座に動いた。手紙を受け取ってから五日後の八月十二日、ロッテ・ブルーメンフェルトは逮捕され、グローセ・ハンブルガー通りの集合収容所に連行された。四十九歳のブルーメンフェルトは、一九四三年一月以来ドイツ人救援者に匿われて潜伏生活を送っていた。取り調べを受けた彼女は不満を訴えた。自分は親しい友人夫婦と一緒に国外に移住できるはずだった。フーゴー・ツィーグロフスキーという男から、二万マルク（現在の約二十万ユーロ）を用意すれば「合法的に」スイスに逃がしてやると言われ、お金を支払った。それなのに、結局はスロヴァキア人の偽造パスポートを用意してもらえただけだ。自分は騙されたのだと。

フーゴー・ツィーグロフスキーはその日のうちに逮捕された。彼は警察予備大隊の軍曹だった。ツィーグロフスキーがどのような理由からブルーメンフェルトに偽造のパスポートを融通したかは不明だが、彼はゲシュタポに対し、自分は決してブルーメンフェルトを騙すつもりだったわけではないと抗弁した。尋問を受けたツィーグロフスキーは、身分証明書の取引でかかわった人物の名を次々に口にした。彼は、レオン・ブルムという名の知人からユダヤ人を「合法的に」スイスに亡命させる方法があると聞いたこと、またそのブルムを介して、ブルーメンフェルトのためにスロヴァキア人のパスポートを手に入れたことを自白した。

こうして八月十四日、今度は五十九歳のユダヤ人レオン・ブルムが逮捕された。だがこのブルムこそ、カウフマン・ネットワークの協力者のひとりだった。取り調べを受けたブルムは、潜伏ユダヤ人に偽造身分証明書を提供していたこと、その証明書はカウフマンから受け取ったものだということを自白したのである。

## 囮《おとり》

こうしてカウフマンはゲシュタポの捜査対象となった。身分証明書の偽造を開始してから一年余が経過していた。

間もなく、カウフマンの自宅にゲシュタポが現れた。すでに彼は、危険を察知して友人宅に身を隠していたが、留守を預かる家政婦から自宅にゲシュタポが来たと聞かされると、激しく動揺した。彼は大量の身分証明書に加え、証明書偽造の事実を示す証拠書類を自宅に残していたからである。これらの書類をひそかに回収したい、なんとかならないかとカウフマンは身分証偽造協力者のユダヤ人シオマ・シェーンハウスや秘書のドイツ人ヘレネ・ヤコブスたちに訴えたが、シオマもヘレネも危険すぎると反対した。カウフマンの自宅はすでにゲシュタポの監視下に置かれ、誰であれ関係者が屋敷のそばをうろつけば、ゲシュタポの思うつぼだからである。だがこのとき、カウフマン・ネットワークの連絡係だった前述の「混血者」エルンスト・ハラーマンが、自分がカウフマンの屋敷に忍び込んで証拠書類を取り戻してくると名乗り出た。彼は夜の闇に紛れてゲシュタポの目をかわし、窓ガラスを破って部屋に入ればよいと提案した。ハラーマンのこの発言に対し、のちにシオマは「あいつは何かにつけてヒーローを気取りたがるやつだった」と苦々しく吐き捨てている。

その後のハラーマンの足取りは不明だが、八月十八日、彼は逮捕されグローセ・ハンブルガー通りにある集合収容所に連行された。逮捕されたとき、ハラーマンは証明書偽造にかかわる膨大な証拠書類を手にしていた。一連の書類には、偽造にかかわった人びとの名も記されていた。取り調べに対し、ハラーマンは知る限りの情報をあっけなく自白した。

ゲシュタポはハラーマンを囮に使い、カウフマンをおびき寄せようと考えた。逮捕後間もなく、当のハラーマンからヘレネに一本の電話がかかってきた。ハラーマンはヘレネにカウフマンに会いたい、彼はどこにいるかと尋ねた。ヘレネは、ハラーマンがすでに逮捕されていることは知らなかったが、とっさに罠だと直感し、知らないと突っぱねた。その後、ハラーマンがいかにしてカウフマンと連絡をとったのかは不明だが、結局カウフマンはハラーマンの要請に応じ、指定された待ち合わせ場所に姿を現したのである。

## カウフマンの最期

こうしてハラーマンの逮捕からわずか一日後、ついにカウフマンは身柄を拘束された。逮捕後すぐに取り調べが始まった。この日の取り調べは午前中から深夜まで、途中空襲警報による中断をはさんで九時間にも及んだ。

取り調べを担当したのは、集合収容所所長ヴァルター・ドベルケである。ドベルケの秘書として取り調べに立ち会ったドイツ人女性ヨハンナ・ヘイムによれば、カウフマンは驚くほどあっけなく、しかも自発的に自供したという。約一年の間、多数の協力者を率いて精力的に救援活動を展開してきたカウフマンだったが、信頼していた協力者ハラーマンの裏切りに遭い、心が折れてしまったのかもしれない。しかも、ハラーマンがカウフマンの自宅から持ちだした大量の証拠書類には、活動の内容や関与した人物の名が明確に記されていた。もはやカウフマンには、自白を拒む意味すらなかったのである。彼は尋問のなかでこんなことばを残している。

昨日午前の逮捕によって、私の立場は激変した。これまで私は、私を頼り、命を託してくれた人びとを守ることこそ自分の責務だと考えていた。今や私は、これまで守り続けてきたその人びとを見捨てる決断をしなければならないのだ。どれほどの苦しみであることか。
（デューリンク『ナチス時代における秘かな社会ネットワーク』）

取り調べが終わると、カウフマンはそのまま集合収容所に収容された。それまで妻の存在に守られてきた彼であったが、逮捕後はユダヤ人として扱われ、裁判の機会すら与えられなかった。とはいえ、収容所での待遇には、彼のかつての社会的地位や妻の出身階級等に対するいちおうの配慮があった。妻は週一回十五分間、夫との面会を許された。加えて食料や薬品、書籍などの差し入れも認められた。妻マルゴットは三歳の娘アンゲリカを連れ、差し入れ品をもって毎週面会に通い続けた。

まだ自宅にいた頃、幼いアンゲリカを毎晩寝かしつけるのはカウフマンの日課だった。平和だったカウフマン一家のひとときについて、その場に居合わせたシオマはのちにこう語っている。

彼には、毎晩娘を寝かしつけるときのささやかな「儀式」があった。「儀式」に登場するのはぬいぐるみのクマ、ロバ、ポニー、そして人形だ。普段は厳格なドクター・カウフマンがベッドのふちでぬいぐるみにダンスをさせる。最初に登場するのはクマ、次がロバ。ポニーがロバの上に「馬乗り」になる。そのポニーの上に乗り、てっぺんに立つのは人形だ。ダンスが終わると、ぬいぐるみと人形はいっせいにアンゲリカのベッドに転がり込む。そうしたらアンゲリカはすやすやと夢のなかだ。そばではカウフマン夫人が優しいまなざしで、この光景を見守っていた。

（シェーンハウス　前掲書）

収容所のなかで、カウフマンは何を思っただろうか。彼の内心を推しはかることのできる記録は少ない。だが、なぜユダヤ人救援活動に関与したかと問われた彼は、こう答えている。

私の心に根差していたのは、キリスト教徒としての意識でした。年とともにその意識が成熟してゆくにつれ、私は自らの過失によるのではないこの苦しみと向き合い、耐えるべきだと思いいたったのです。やがてその認識は自然に、迫害を受けるユダヤ人たちへと向けられていきました。彼らは私が自分たちを助けてくれると信じ、信頼を寄せていました。そうした人びとを失望させることはできなかったのです。私が彼らを助けたのは彼らがユダヤ人だったからではありません。助けを必要とし、怯えている人間だったからなのです。
（シェーンハウス　前掲書）

逮捕から半年が経過した一九四四年二月十七日、カウフマンはザクセンハウゼン強制収容所に移送され、その日のうちに射殺された。五十八歳であった。

### カウフマン・ネットワークの壊滅

ユダヤ人女性の潜伏を密告する一通の手紙から始まった逮捕劇の影響は、カウフマンとともに活動していた多数の協力者にも及んだ。

カウフマンの活動をそばで支え続けた秘書のヘレネ・ヤコブスも、ハラーマンと同じ日に逮捕された。彼女の逮捕もまた、カウフマンの場合と同様にハラーマンの囮によるものだった。ヘレネに電話をかけてきたハラーマンは、フォイアーバッハ通り駅まで来てほしいと伝えた。ヘレネは、それが罠であることを承知のうえで待ち合わせ場所に出かけて行ったのである。

ヘレネがハラーマンの呼び出しに応じたのは、仲間を守るためだった。当時ヘレネの自宅にはシオマ・シェーンハウスが匿われていた。自分が呼び出しを拒めば、ゲシュタポは即座に自宅に踏み込んでくるだろう。ヘレネは自ら待ち合わせ場所に出向くことで、シオマが逃げるための時間稼ぎをしようとしたのである。加えてヘレネの自宅には、これまでの救援活動に関する証拠書類が残っていた。ヘレネはこうした証拠品の処分もシオマに頼んだ。ヘレネの冷静な判断によってシオマは逮捕を逃れ、証拠品もゲシュタポの手に渡ることなく始末された。

一九四四年一月、ベルリン地方裁判所はヘレネに対し、懲役二年六か月の判決を下した。比較的寛大な判決となったのは、裁判所がヘレネを「人種問題に関して悪名高い告白教会の犠牲者」とみなしたからであった。裁判所は、ヘレネがカウフマンによって告白教会のよからぬ思想を吹き込まれ、同情心を起こしたことが事の発端だと判断したのである。

ヘレネが告白教会やカウフマンの洗脳によって活動に巻き込まれたという裁判所の認識は、もちろん誤りである。すでに見てきたように、彼女は告白教会やカウフマンに出会うはるか以前から、ユダヤ人救援を決意していた。ヘレネはのちにこう語っている。

私が守りたいと願った世界は壊れてしまった。一九三三年一月、ヒトラーが総統に就任したとき、私は祖国を失ったのだ。特に一九三五年、人種差別を目的としてニュルンベルク法が制定され、市民の一部が恣意的に社会から排除されたことが、私の心を突き動かした。私は、虐げられたこの人々を救おうと決心した。

（ハマン／コスマラ『逃げる・隠れる・生き延びる』）

ドイツ現代史研究者ベアーテ・コスマラによれば、ヘレネの判決の背景には、女性は男性の指示や指導に従って行動するものであり、自立的な活動は不可能だという当時の裁判所側の認識があったという。実際、ユダヤ人の救援活動に関与して逮捕された者のなかで、女性のほうが男性よりも寛大な処分で済んだ例は他にもあった。たとえば、ヘッセンの小村に住むリスト夫妻は一九四二年三月、顔見知りのユダヤ人に助けてほしいと懇願され、自宅に匿った。その後まもなく密告に遭い、夫は強制収容所に送られたが、妻は取り調べを受けただけで家に帰されたのである。この処分について、リスト夫妻は農民であり、ドイツ国民の食料を確保するため畑を維持する必要があったからという可能性はあるが、それでも家に帰されたのが夫でなく妻であったのは、ヘレネの場合と同様の理由によるものと思われる。

ともあれ、ユダヤ人救援にかかわった者に対する判決には明確な基準などなく、そのときどきの場当たり的なものであった。ヘレネの場合も「か弱く愚かな犠牲者」とみなされ、重刑を免れたのだろう。

一方、シオマ・シェーンハウスはヘレネのおかげでひとまず逮捕を免れたが、ゲシュタポに追われていたことに変わりはない。彼はベルリンを離れるため、大金を出して闇市で自転車を手に入れた。電車やバス等の公共交通機関を使えば車内の巡察に遭う危険性が高いため、自転車のほうが安全だと彼は考えたのだ。自転車を使い、シオマはベルリンから六百キロ近く離れたシュットガルトにたどり着いた。シオマを迎えたのは、かつてカウフマンのもとに偽造身分証明書を受け取りに来たこともあるクルト・ミュラー牧師だった。クラカウアー夫妻をシュットガルトで迎えた、あのミュラー牧師である。「よく来た、シェーンハウス。無事でよかった!」。ミュラーはシオマを力強く抱きしめた。ミュラーはカウフマンやヘレネがすでに逮捕されたことを察していた。彼は言った。

「ヘレネやカウフマンに何度電話をかけても、電話に出るのはいつもゲシュタポだ。相手は私が何者なのかをしつこく尋ねた。それで私も言い返してやった。『では、あなたはどなたなんですか?』とね。そしたら向こうも黙ったよ。でもとにかく、君はこうして生きている。その事実こそ一筋の光だ」

ちょうどそのとき、シオマが空を見上げると、牧師のことばを裏付けるかのように雲の切れ目から稲妻が光った。彼には、その光景がまるで雲の間から天国が姿を現したように思えた。ミュラー牧師は空に拳を突き上げて言った。「さあ、やるぞ!」。ふたりは声をあげて笑った。翌月、シオマは自転車で国境を越え、スイスに亡命した。

カウフマン逮捕の一連の事件に関わって事情聴取を受けた者はドイツ人、ユダヤ人を合わせて六十人を超え、五十人以上のドイツ人が収容所や刑務所に送られた。ネットワークの末端にいた潜伏ユダヤ人に至っては、取り調べすらなかった。百人以上のユダヤ人が逮捕され、そのまま収容所に送られた。その一方で、自らの逮捕によってネットワーク壊滅の原因を作った「混血者」のハラーマンは死刑を免れ、懲役八年を言い渡されている。彼の協力により、カウフマンやヘレネらの主要なメンバーから、闇市での偽造身分証の流通を手伝っていた潜伏ユダヤ人ゼガールやノイヴェックに至るまで、広範囲に及ぶ関係者の逮捕に結びついたことが寛大な判決の理由だった(ちなみに彼は釈放後、罪の意識にさいなまれ、精神を病んだ)。

偽造身分証明書を所持していた潜伏ユダヤ人たちも次々に捕えられ、収容所に送られたが、逮捕を逃れたユダヤ人もいた。彼らはその後、別の救援者と出会い、生き延びていく。そのなかには、「エミールおじさん」のメンバーに救われ、彼らの協力者となる者もいた。偽造身分証明書を作成していた潜伏ユダヤ人ルートヴィヒ・リヒトヴィッツもそのひとりで、「エミールおじさん」の一員となり、同胞の潜伏生活を手助けした。彼は終戦直前にノイマン姉弟と出会い、ラルフと姉リタのために偽造身分証明書を提供している。カウフマン・ネットワークは壊滅したが、カウフマンに救われた人びとは、こうして命と志をつないでいったのである。

### ユダヤ人捕まえ屋《グライファー》

逮捕されたユダヤ人のなかには、事件後は「捕まえ屋」となって生き延びた者もいた。捕まえ屋とは、ゲシュタポの指示のもとでユダヤ人同胞の逮捕に協力するスパイのことである。ナチスは一九四三年初頭になると、潜伏者をあぶり出す新たな手段として捜索に「捕まえ屋」を投入した。「捕まえ屋」の多くは潜伏生活を送っていたところを発見され、逮捕されたユダヤ人であった。ナチスは彼らに収容所送りの猶予をちらつかせ、本人や家族の身の安全と引き換えに同胞を売る手先にならないかともちかけたのである。さらに、「捕まえ屋」のなかにはドイツ人の配偶者をもつ「混血婚」のユダヤ人や「混血者」もいた。彼らは強制移送こそ猶予されていたが、強まる差別や迫害におびえ、わが身や家族を守るためにナチスの協力者となった。

「捕まえ屋」を統括していたのは、カウフマンらの取り調べを担当したグローセ・ハンブルガー通りの集合収容所所長ドベルケである。ドベルケは、「捕まえ屋」たちに給金や住居等の特別待遇を与え、他のゲシュタポ職員に誤って逮捕されることのないよう保護した。捜査に必要な経費も支給された。ベルリン市内には、こうした「捕まえ屋」が二十人ほどいたとされる。

捕まえ屋の「仕事場」は、ユダヤ人の隠れ場所から偽名を使って働いている職場、カフェや劇場、駅、公園、路上にいたるまであらゆる場所に及んだ。自身も潜伏生活の経験をもつ「捕まえ屋」は、ユダヤ人同胞がどこで、どのように生活しているかを熟知していた。ユダヤ人コミュニティの一員として、ユダヤ人同胞の家族構成や人間関係、行動様式や生活習慣、潜伏者がひそかに集まる情報交換の場からときには隠れ家にいたるまで、あらゆる情報をもっていたからである。

しかも「捕まえ屋」にとって、標的とする潜伏者は多くの場合かつての幼なじみや学校時代の仲間などの知人だった。とくに若い世代の場合、ナチスの政策によってユダヤ人は公立学校から排除され、ユダヤ人学校への就学を余儀なくされてきたから、同世代のユダヤ人はみな顔見知りだった。顔も名前も性格も、自分のすべてを知る捕まえ屋の目を欺くため、潜伏者のなかには頭髪を染めるなどの方法で外見を変える努力をする者もいた。ゲシュタポの追っ手を振り切って逃げ、潜伏者となったハンニ・ヴァイセンベルクも、最初に保護してくれたブリューゼハバー夫妻の助言で、赤毛だった頭髪をブロンドに染めている。

もともとユダヤ人は、家族や同胞同士の結びつきが極めて強い民族である。その根底には、自分たちの国家をもたず放浪を余儀なくされてきた長いユダヤ人の歴史や家父長主義を基本とするユダヤ教の特質があった。ゲシュタポは、ユダヤ人同士の結びつきの強さを逆手に取ることで、彼らを有能なスパイとして利用したのである。捕まえ屋のなかには、「金髪の毒《ブロンド・ポイズン》」と呼ばれた美貌の女性シュテラ・キュプラーのように、潜伏ユダヤ人の間で広くその名を知られ、恐れられる者もいた。潜伏者たちは、ゲシュタポの手に落ちて「捕まえ屋」になったらしい同胞の名を噂し、警戒した。

偽造身分証明書を商う闇業者としてカウフマン・ネットワークと結びついていたノイヴェックも、逮捕後「捕まえ屋」となったひとりである。もともと銀行員だった彼は、金銭の扱いに長けていた。自身が逮捕された三日後、彼はゲシュタポに協力し、自分と同じく闇業者としてカウフマンと結びついていたゼガールの拘束に貢献した。ゼガールがよく出入りする居酒屋の情報をゲシュタポに教え、自らそこに案内したのである。これを機にノイヴェックは「捕まえ屋」として、積極的にゲシュタポに協力するようになった。だが一九四四年十月、ドベルケの逆鱗に触れたノイヴェックは結局、収容所に移送される。彼は、捕まえ屋仲間と組んで前線にいる国防軍兵士の留守宅から金品を盗みだしたが、その「戦利品」をドベルケに「献上」せずひそかに自分の懐に入れていたことが発覚したのである。

「捕まえ屋」は、自らの命を守るためにユダヤ人同胞を売ったが、常に同胞の敵として行動したわけではない。ときに目撃した同胞をわざと見逃したり、ゲシュタポの情報を伝え警告を促してやることもあった。そうした行為がゲシュタポに見破られれば、自分の身を危険にさらすと承知のうえでの行為である。しかも、捕まえ屋たちが手を貸す相手は、必ずしも親類や友人・知人に限らなかった。こうした一見相矛盾する行為は、捕まえ屋たちにとってわずかに良心の呵責を鎮める手段であったが、戦後の「捕まえ屋」にはユダヤ人同胞による厳しい追跡と断罪が待っていた。

## 2　命をかけて「否《ナイン》」と言う

### 戦局の悪化

一九四四年春、連合軍は首都ベルリンに対し、それまでの夜間空襲に加えて昼間の爆撃を開始した。すでに前年七月にはハンブルクが大空襲にさらされ、四万人が命を落としていた。さらに一九四三年十一月、イギリス空軍爆撃機部隊総司令官ハリスは、同国首相チャーチルに宛てた手紙で、こう伝えている。「われわれはベルリンを端から端まで破壊することができる」。そのことばどおり、イギリス空軍は同月、ベルリンを標的として一週間あまりに及ぶ大規模な空爆を実行した。死者は少なかったが、五十万人のベルリン市民が家を失い、一万人が負傷した。空襲のとくに激しかったベルリン市西部は瓦礫の山と化した（ムーアハウス『戦時下のベルリン』）。

戦局の悪化によって、ユダヤ人救援に関与してきたドイツ市民の日常も変貌した。家を破壊され、物資不足が深刻化していくなかにあって、人びとは次第に自分の身を守ることだけで精一杯の状況に追い込まれていった。

### 命がけの引き揚げ――マリア・ニッケル母子

一九四四年の夏、ルートを救援してきたドイツ人女性マリア・ニッケルは幼いふたりの子どもを連れてベルリンを離れた。だが、疎開先は東プロイセン（現ポーランド領）の小都市だった。東プロイセンは、一九四五年一月から四月にかけてソ連軍による凄惨な反撃の舞台となった場所である。

マリアたち親子は、一軒の農家に身を寄せた。疎開から七か月が過ぎた一九四五年一月、住民全員に対し、翌朝荷物をもって駅に集合せよとの指示がくだった。すでに少し前から、住民たちはソ連軍が迫っていると噂し、怯えていた。翌朝、マリアたちが駅に行くと、そこは我先に逃げ出そうとする人びとであふれかえっていた。マリアと子どもたちはパニックに陥りながらも、かろうじて貨物列車に乗り込んだ。だがようやく動き始めた列車は、その後も頻繁に停車した。列車に乗り込もうとする避難民の列が、線路に沿って途切れなく続いていたからである。

最初の駅を発ってから二日後、列車が止まり、突然全員降りろと命令された。恐怖に顔を強張《こわば》らせながら、乗客たちは列車を降りた。そこにソ連兵がいた。ソ連兵たちはマリアの目の前で、同じ列車にいた子どもたちを次々に銃床で撲殺していった。女性たちは近くの森に引きずり込まれ、強姦されたあと殺害された。その夜、マリアは一晩中女性や子どもたちの悲鳴を聞き続けなければならなかったが、やがて誰の声も聞こえなくなった。

マリアと子どもたちがソ連兵による殺害を逃れたのは、幸運だったとしか言いようがない。その後数週間の間、マリアは子どもたちを連れてひたすら歩き続け、無事にベルリンにいる夫ヴィリのもとにたどり着いたのである。

## 助ける者と助けられる者の逆転——ルート・アブラハム夫妻

同じころ、ソ連兵はルート・アブラハム母子が潜伏する小都市ノイマルクにも迫っていた。一九四五年一月のある晩、ルートの前に突然、夫のヴァルターが姿を現した。ルートたちの身を案じてやってきたのである。翌朝、ルートたちは爆撃音で目を覚ました。ソ連軍による空爆であった。ルートたち家族は防空壕に駆け込んだ。するとそこに、ヨナスとその妻も逃げ込んできた。六十代半ばにも七十代にも見える病身のヨナスは、ルートたちが住む家の家主だった。爆撃は一昼夜に及んだ。ようやく爆音がやみ、防空壕を出たとき、ヨナスは顔を強張らせて言った。もうすぐここにナチス・ドイツへの憎悪をたぎらせたソ連兵がなだれこんで来るだろう。一刻も早く逃げなくてはいけない。怯え切ったヨナスの姿を見て、ルートは静かに言った。じつは、私たち家族はユダヤ人なのだと。

ルートの告白を聞いてもヨナスと妻は驚かなかった。ヨナスは言った。初めて会ったときから、事情はあらかた察していたと。だが何も問わず、ルートに家を貸したのだという。ヨナスは、今聞いたことは誰にも口外しないと約束した。もっともソ連軍が間近に迫った今、ルートたちユダヤ人とヨナスの立場は急速に逆転しつつあった。ヨナスはルートに訴えた。

「頼む、私たちを助けてくれ。私はあんたたちを助けた。どうか今度は私たちを助けてくれ」

ヨナスは言った。ソ連兵が迫ってきたら自分たちが「まともなドイツ人」だと説明してほしい。ルートは考えた。ルートが知る限り、ヨナスはナチスの支持者だった。だがそれでも、彼はたしかに自分たちに潜伏先を与えてくれた。彼は「正しいドイツ人」であるよりも、人間として正しく振舞うことを選んでくれたのだ。自分もまた、彼らを助ける努力をすべきだとルートは決心した。

突然、近くにあった畜舎の扉が開き、ソ連兵の一団が姿を現した。兵士のなかには赤ら顔で、明らかに酒に酔っている者もいた。兵士がルートたちに銃口を向けた。ルートとヴァルターはドイツ語と片言のロシア語を交えて必死で叫んだ。

「ユダヤ人！　私たちはユダヤ人！　撃たないで！」

ルートは急いで洋服のなかに隠し持っていたユダヤ教の祈禱書を取り出し、ソ連兵の目の前に差し出した。兵士たちの表情が穏やかになった。

「こいつらは誰だ」

ソ連兵は今度はヨナスたちに銃口を向けた。

「この人たちは私たちを匿ってくれました。私たちによくしてくれました。ナチスなんかじゃありません」

ルートはドイツ語で言った。そばにいたポーランド人がロシア語に通訳した。兵士は銃をおろした。ルートのことばで、ヨナスと妻は命を救われたのである。

とはいえ、ソ連軍が侵攻しても、ルートたちの苦難は終わらなかった。生き残っているユダヤ人などいるはずがないと考えたソ連軍は、夫のヴァルターをナチスのスパイだと疑い、軍司令部に連行した。ヴァルターの拘束はその後六週間にも及んだ。ようやく嫌疑が晴れたとき、彼はぼろ雑巾のような姿になってルートのもとに帰ってきた。

## 「ドイツ人」になる――ノイマン姉弟

ラルフ・ノイマンと姉リタは、ヴェントラント一家や告白教会の信者たちに守られ、潜伏生活を続けていた。ヴェントラントや協力者の元教師エリザベート・アベックは、時折数週間にわたって自宅をゲシュタポに見張られることがあった。おそらくは近隣住民の誰かが、ユダヤ人を匿っているようだと密告したのだろう。だが彼らはそのたびに情報を事前に把握し、潜伏者を安全な場所に避難させた。

空襲が激しくなってくると、ラルフはときどき外に出て爆撃の様子を眺めた。ヴェントラント家の地下には、家族のための地下壕があった。ヴェントラント夫人は、ラルフにも地下壕に避難するよう求めたが、ラルフは爆撃を怖いとは思わなかった。むしろナチスの敗北が近いことの証だと感じて嬉しかった。

空襲は、膨大な数の爆撃難民を生み出した。首都ベルリンには、爆撃で家を失った難民たちが列車で次々に押し寄せた。彼らは簡単な自己申告だけで難民として認定され、ドイツ国民として住居や食料配給券を支給された（第二章参照）。インゲ・ドイチュクロンと母エラは、この混乱を利用し、自分たちは爆撃で自宅を失った難民だと役場に届け出た。彼女たちの申し出はあっさり認められ、ふたりは「正式に」ドイツ人として登録された。疑う者は誰もいなかった。ふたりが登録した偽名も、「以前の居住地」だと主張した架空の住所も、もはや露見する心配はなかった。そこはすでにソ連軍に占領されていたからである。

ラルフの姉リタもまた爆撃難民を装い、ドイツ人としての本物の身分証明書を手に入れた。リタを援助したのはアベックだった。アベックはまず、爆撃によって市庁舎が全壊したベルリン近郊の都市を調べ上げた。そのうえで、偽名を使いリタを自分の姪として役所に届け出たのである。リタは役所が全焼し、住民記録の一切が失われてしまった都市の出身だと、アベックは説明した。燃え盛る炎のなかを逃げ惑ううち、携帯していた身分証明書も失ってしまったというアベックの主張は何の疑いもなく認められた。リタには直ちにドイツ人としての身分証明書が発行され、住まい、食料配給券、さらには仕事も与えられた。こうして一九四四年の夏、リタは「正真正銘の」ドイツ人となったのである。

当時、ドイチュクロン母子やリタのような行動をとった潜伏ユダヤ人は他にもいたと推測される。書類さえ整えば、ユダヤ人をドイツ人に変えることができると信じ、カウフマンは命を賭けて偽造身分証明書を作り続けた。戦局の悪化により、その人物が何者なのか把握しきれなくなったドイツ政府が、いともあっさりと、ユダヤ人を「本物のドイツ人」として認めた事実は、カウフマンの信念がいかに正しかったかを物語っている。

晴れて「ドイツ人」となり、逮捕の恐怖から解放されたリタは新たな生活を享受した。親しいドイツ人の友人や知人もできた。そのなかに、突撃隊の幹部がいた。リタはこの幹部を「利用できそうだ」と感じた。この件について、リタもラルフも詳細を語ってはいない。だが、おそらく幹部はリタに気のあるそぶりを示したのだろう。リタは少女の頃から近所でも評判の美人だった。

幹部が自分を裏切ることはないと確信すると、リタは自分は実は潜伏ユダヤ人だと打ち明けた。

さらに、弟が偽造身分証明書もなく危険な状況におかれている、どうか助けてほしいと訴えた。リタがラルフを連れて突撃隊の屯所を訪ねると、彼は「自分は心からラルフを助けたいと思っている」と語った。そのことばどおり彼は職務上の立場を利用し、ラルフのために「本物」の証明書を作成してくれたのである。だが、十九歳のラルフにとって、証明書だけでは心もとなかった。当時すでに、徴兵年齢は十六歳にまで引き下げられていたからである。そこで幹部は、ラルフが突撃隊員であるという記述に加え、徴兵を免除されていることも書き添えてくれた。

ラルフとリタは、救援者たちを通じて戦局に関するさまざまな情報を得ていた。この戦争はまもなく、ドイツの敗北というかたちで終わるだろう。あともう少し辛抱すればよいのだ。この証明書は、そのわずかな期間を持ちこたえる助けになってくれるはずだった。

だが、事態はふたりが期待した方向には向かわなかった。

## 発覚

一九四五年二月半ばのことであった。ラルフとリタが潜伏生活を開始してから、二年の年月が経過していた。

その日、ラルフはアグネス・ヴェントラントの依頼でベルリン市内のレルター駅に出かけていった。ヴェントラント家を訪ねてきた女性客を駅まで送り届けるためだった。彼女は重い鞄を抱えていた。アグネスは、彼女のために駅まで鞄をもって行ってやってほしいとラルフに頼んだ。十日ほど前、ベルリンはそれまでにないほどの激しい爆撃にさらされた。当時ベルリンに住んでいた女性ジャーナリスト、ウルズラ・フォン・カールドルフは、その光景を「今日、市中心部はこれまでで最も激しい空爆を受けた。見渡す限りのすべてのものが破壊されてしまった」と日記に残している。アグネスがラルフに駅までの付き添いを頼んだのは、荷物のためだけでなく、いつ空襲警報が鳴るかわからないベルリンで、他所の土地から来た彼女をひとりで駅まで向かわせることが心配だったからだろう。

ともあれ途中爆撃に遭うこともなく、ふたりは駅に到着した。もしここで女性に荷物を渡し、そのまま帰宅していたら、ラルフは何事もなく、いつもと同じ一日を終えることができたかもしれない。だが駅に着くと、ラルフは荷棚に荷物を載せるのを手伝ってやろうと思い立ち、女性と一緒に列車に乗り込んだ。

発車前の車内で荷物を荷棚に上げていたとき、ラルフの目の前に軍服を着た男たちが現れた。車内パトロールである。この頃、国防軍は鉄道内を頻繁に巡回していた。彼らはラルフに身分証明書の提示を求めた。ラルフは落ち着いた態度で、突撃隊の証明書を差し出した。

だが、証明書を見た兵士たちは憤った。兵役免除だと？　ありえない。だいたい、突撃隊員であることが兵役免除の理由になどなるはずがない。そんなものは、兵役逃れをしたい卑怯者の言い訳に過ぎない。彼らは大声を上げ、突撃隊を悪しざまにののしり始めた。

ラルフはその場で取り押さえられ、警察署に連行された。勤務先を問い詰められたラルフは、潜伏生活を開始するまでの強制労働先だった大企業オスラム社の名を答え、職員証を見せた。職員証には、ラルフがユダヤ人であることを示す記載は一切なかった。そこにはただ、ラルフがオスラム社の職員だということだけが書かれていた。今度こそ疑いが晴れ、釈放されることをラルフは願った。だが警察官は、すぐにオスラム社に電話をかけ、ことの次第を確かめなくてはならないと言い残して部屋から出て行った。

戻ってきた警察官は、啞然とした表情で言った。

「なんということだ、お前は捜索中のユダヤ人じゃないか。二年間も逃亡していやがったのか。まったく信じられん」

こうしてラルフは、ただちに身柄をゲシュタポに引き渡された。

尋問が始まった。容赦なく鞭が振りおろされた。なぜ突撃隊員の身分証明書を所持していたのかを追及されたラルフは、姉リタの関与の部分を省き、それ以外についてはありのままを自白した。だがゲシュタポはラルフのことばをまったく信用しなかった。「薄汚いユダヤの豚め」。取調官はいきり立って叫んだ。「突撃隊の幹部が発行してくれただと、ふざけるな。突撃隊のなかに、ユダヤ人に手を貸す者などいるはずがない」。罵詈雑言と鞭が集中砲火のようにラルフの全身に降ってきた。結局、証明書はラルフが盗んだものに違いないと取調官は決めつけた。

取調官は、ラルフが二年もの間どこに隠れていたかを問い詰めた。彼は、若いラルフを手助けしていたのはドイツ女性に違いないと踏んでいた。実際すでに見てきたように、恋愛関係にあるドイツ人に助けられて潜伏生活を送ったユダヤ人の例は他にもあったからである。そうした事例のなかには、同性同士のカップルもいた。たとえば、ベルリンに住むドイツ人女性リリー・ヴストは、出征中の夫と四人の子どもをもつ主婦であった。彼女はもともとナチスの信奉者であったが、一九四二年十一月、市内のカフェで偶然見かけたユダヤ人女性と恋に落ち、彼女の潜伏生活を手助けしている。

取調官は金切り声をあげた。

「お前はいったい、何人のドイツ娘と寝た。何人のドイツ女を孕ませたんだ！」

ラルフは黙っていた。取調官はさらに有刺鉄線でラルフを打ち据えた。

## アグネス・ヴェントラントの逮捕

ラルフは地下室の牢に投げ込まれた。そこは手足を伸ばす空間さえない、牢というより檻といったほうがふさわしい場所であった。絶望が彼を襲った。生きてここから出られるチャンスなど無に等しかった。できるものなら自殺して命を終わらせたいとラルフは願った。ほんの数時間前、列車内で拘束されるまで、彼は間もなく訪れるであろう終戦を心待ちにし、自分は生き延びられると信じていた。一瞬のうちに、なんとすべてが変わってしまったことか。

早朝になると、建物の外で銃声がした。中庭で囚人を処刑する音だ、ここでは定期的に囚人が銃殺されていくと、隣の牢に収監されていたロシア人が片言のドイツ語で教えてくれた。

食事も水も与えられないまま、ラルフは牢に放置された。捕えられてから何日かが経過した。おそらく一日か二日のことだったろうが、当時のラルフにはよくわからなかった。彼は、ふたたび上階にあるゲシュタポの事務所に呼び出された。階段をあがって事務所に行く途中、ラルフは大きな鏡の前を通った。熾烈な拷問によって変わり果てた姿の自分がそこにいた。

部屋に入ると、そこにアグネス・ヴェントラントが座っていた。彼女の姿はラルフに強い衝撃を与えた。自分を救ってくれたアグネスの逮捕は、ラルフにとって耐えがたい苦痛だった。だが、そこにいたのはアグネスひとりではなかった。なんと姉のリタがアグネスと並んで座っていたのである。アベックの尽力によって正規の身分証明書を取得し、「本物のドイツ人」として暮らしていたリタは、自分もユダヤ人であり、捕えられたラルフの姉だとゲシュタポに名乗り出たのである。リタは亡き母に対して、何があっても弟を守ると約束していた。その約束を果たすため、彼女は救援者たちの反対を押し切ってここに来たのだった。むろんリタにもラルフを救い出す具体的な手段があるわけではなかったが、彼女は、弟の窮状に目を背け、自分だけが自由の身でいることに耐えられなかった。拷問のすさまじさがありありと見てとれる弟の姿を見て、リタは悲鳴を上げた。想像をはるかに超えるゲシュタポの仕打ちに改めて衝撃を受けたからである。

アグネスはベルリン市内の労働矯正収容所に送られ、そこで強制労働に従事させられた。この処分が他の救援者に比べて厳しいものであったかどうかは一概に言えない。実際のところ、ナチス期のドイツにはユダヤ人の潜伏幇助に該当する特別の罪状は存在しなかった。だからといって、ユダヤ人救援に関与した者が罪に問われなかったわけではない。救援者たちには、そのときどきで「人種の冒瀆」や「戦争遂行の妨害」等、さまざまな罪名がつけられた。量刑もさまざまだった。たとえば一九四二年には、ケーニヒスベルクで五人のドイツ人女性が懲役六年の刑を受けている。彼女たちは、東方移送で孤児となった八人のユダヤ人の子どもたちを引き取り、自分の子どもとして育てていたのである。一方、フライブルクの裁判所は、ユダヤ人の亡命に手を貸そうとした四人のドイツ人に対し、関与の度合いに応じてそれぞれ六年から十年の懲役刑を言い渡した。ユダヤ人にバターを与えようとして、十八か月の懲役に処せられた農民もいた。救援者の収容先は刑務所の場合もあれば、強制収容所の場合もあった。すでに述べたように、ドイツ国内ではユダヤ人救援のみを理由として死刑の判決を受けることはなかったが、強制収容所での過酷な労働で命を落とすことはまれではなかった。

### 収容所の変化

一方、ユダヤ人であることが露見したリタは、集合収容所に連行された。「東方」に移送する準備のためだとゲシュタポは脅したが、実際のところ「東方移送」ということばには、もはや凄みも現実味もなかった。一九四四年夏以来、連合国軍の侵攻によって、ナチス・ドイツは東方占領地域に建設した収容所を次々に失っていた。一九四五年一月末には、ソ連軍によってアウシュヴィッツも解放されていた。四五年二月時点のドイツには、東方占領地域にユダヤ人を送り込めるような収容所など残っていなかったのである。

ラルフは、ユダヤ人病院に入院することになった。彼は拷問による負傷が原因で敗血症を発症していた。治療を施し、健康な状態に戻してから移送するためだとゲシュタポは説明した。この対応がアグネスのとりなしによるものかどうかは不明だが、ナチス期のベルリンには終戦までユダヤ人専用の病院が一軒だけ残っていた。ゲシュタポに発見された潜伏ユダヤ人は、もし重病にかかっていたり、自殺に失敗して大怪我を負ったりした場合には、移送前にまず病院に送られることがあった。何とも矛盾に満ちた扱いだが、彼らはまず治療を受け、健康状態が回復すると死が待つ収容所に移送されたのである。

ラルフは病院で体を消毒され、薬を与えられた。ベッドでの安静を指示され、面会さえ許された。アグネスの長女ルートが乏しい食料を工面し、ケーキを焼いてもってきてくれた。

アグネスは、収容所から夫ヴァルターに手紙をしたためた。自分がよく知るふたりの若者が実は潜伏ユダヤ人で、しかも彼らのために妻が犯罪者のような扱いを受けている。その事実が夫をどれほど苦しめるかアグネスにはわかっていた。アグネスは長い間夫を騙していたことを詫び、自分が逮捕されたせいで夫の世話をする者がいなくなってしまったことを心配した。夫ヴァルターもまた、病を抱える身だったからである。

アグネスはそれから間もなくチフスを発症した。もともと丈夫ではなく、しかもすでに五十歳を過ぎていた彼女にとって、収容所での労働はあまりにも過酷であった。母の病を知った娘ルートは決意した。自分が母の身代わりになろう。ルートはユダヤ人局に出向き、自分が代わりに収容所に行くから母を釈放してほしいと交渉した。

ルートの申し出がなぜ認められたのかはわからない。だがともかく三月九日、アグネスは釈放され、無事に自宅に戻った。逮捕から半月余が経過していた。さらに幸運なことに、そのルートもわずか五日間収容されただけで釈放された。そのうえルートは、収監中もゲシュタポから手荒な扱いを受けることは一切なかったという。

ヴェントラント母娘に対する寛大な扱いの理由は不明である。だがこのとき、ソ連軍はすでにベルリン市の間近に迫っていた。敗戦後、ヒトラーの手先であった自分たちの身に何が起こるかを想像すれば、ゲシュタポもドイツ市民の反感を買うような行動は避けたかったのかもしれない。

## 空襲下の脱走

治療によって健康を取り戻したラルフは身柄を集合収容所に移され、そこでリタと再会した。集合収容所には四、五十人の収容者がいた。戦局は収容者たちにとって最大の関心事だ。ソ連軍が近づいてきている。そのおかげで、自分たちの移送は先送りされているらしいと収容者たちは噂しあった。

三月末のある日、ラルフとリタは職員に呼び出され、明朝収容所への移送が決まったと告げられた。ふたりは脱走を決意した。

その日の晩、いつものように空襲警報が発令されると、ふたりは地下壕に避難する代わりにこっそり階段をあがり、ひと気のない三階の部屋に忍び込んだ。連日の爆撃で、収容所は窓ガラスも鉄格子もとっくに破壊されていた。そのときラルフは、部屋に物干し用の長いロープがあることに気付いた。これを伝えば外に出られるかもしれない。彼は窓際に置いてあった机の脚にロープの端を結び付けると、もう一方の端を窓から外に向かって垂らした。だが、ロープの先端から地面までは、なお二メートルほどの距離があった。リタは怖がってしり込みしたが、今度はラルフが姉を励ます番だった。ラルフは自分が先に立ってロープを伝い、一気に路上に滑り降りると、大丈夫だとリタに合図を送った。

外では激しい爆撃が続いていた。爆弾が落ちるたびに地面が激しく揺れ、あたりは昼間のように明るくなった。混乱のなかで、路上に滑り降りたふたりに気を留める者などいなかった。ふたりは人目を避け、まだ残っている建物の陰に身を隠しながらひたすら歩き続けた。

## 教誨牧師ペルヒャウのもとへ

ふたりは考えた。これからどこへ行けばよいのか。ヴェントラント家にも、次女アンゲリカの嫁ぎ先であるルーテンボルン家にも戻るわけにはいかなかった。集合収容所でふたりの逃亡が発覚すれば、ゲシュタポは真っ先に両家を捜索するに違いないからである。行き場を失った彼らの念頭に浮かんだのは、ラルフに自転車での使い走りを頼んでくれていた教誨牧師ハラルト・ペルヒャウだった。ふたりは、困ったことがあればいつでも助けると伝えてくれたペルヒャウのことばを思い出した。

リタとラルフは、爆弾が降り注ぐベルリンの町を歩き続けた。途中で、掌にぬるぬるした感覚があることに気づいた。どうやらけがをしているらしい。だが、そんなことに構っている余裕はなかった。

ふたりは二時間かけて、ヴェディング地区の端にあるペルヒャウの自宅にたどり着いた。

突然現れたふたりを見てペルヒャウは驚いたが、両手を広げて温かく迎え入れてくれた。ランプの光の下で、ふたりは改めて自分の掌を見た。肉が割け、骨が見えていた。集合収容所を脱走する際、建物からロープを伝って降りるときに摩擦で皮が破れ、肉が割けたのだ。

翌朝早く、ベルリン市の高名なシャリテー病院の勤務医ヴァルター・ザイツがやってきた。ひそかに姉弟の傷の手当てをするため、ペルヒャウが呼んだのである。ザイツもまた、ペルヒャウの協力者であった。

**覚醒**

逮捕から脱走にいたる過酷な体験は、ラルフの精神に覚醒をもたらした。手の傷が癒えていくにつれて、彼は自身の生に対して、それまで感じたことのない深い喜びを感じた。彼は言う。「それは、(人間の)肉体としての存在の背後には、精神世界があることへの気付きだった。このとき以来、私は人間とは単なる肉体的な存在ではないこと、人生は我々の五感によって知覚されるものなのだと知った」。

一度は死を覚悟し、精神世界に目覚めた彼は、人が生きることの意味を改めて意識するようになった。彼の意識を支えていたのは死の淵から救われた喜びであり、救ってくれた人びとへの深い感謝であったろう。加えて、ペルヒャウや医師ザイツを介して新たな人びとと出会ったことも、彼の思考に大きな変化をもたらした。ラルフが出会ったのは、「エミールおじさん」の女性ジャーナリスト、フリードリヒをはじめとする救援活動者や反ナチ活動者たちであった。

フリードリヒはラルフとリタに対し、自分たちが計画中の反戦行動に参加してほしいともちかけた。ベルリンとベルリン市民を守るため、徹底抗戦を呼びかける宣伝相ゲッベルスの命令に「否」を突きつける行動だという。脱走後はペルヒャウやフリードリヒの仲間たちに匿われ、別々に生活していたラルフもリタも、ともに参加の意思を示した。
これまでふたりは、潜伏ユダヤ人として身を隠し、救援者に「守られる」存在として年月を過ごしてきた。だが今、彼らはドイツとそこに住む人びとを「守る」側の人間として、行動することを決意したのである。
行動を計画したのは共産主義者のヴォルフガンク・シュミットであった。「エルンスト・グループ」と名乗る反ナチグループのひとりであった彼は、この反戦行動をフリードリヒたちにこう説明している。

ねらいがどこにあるかわかりますね？ 簡単に言えば、ヒトラーの政策に対して「否《ナイン》」を突きつけることです。われわれはベルリン全市にわたる行動を計画しています。これほどの規模の行動は、一九三三年の政権成立以来初めてでしょう。「否」というのが合言葉です。壁という壁からナチスに対して「否」と叫ばせるのです。チョークやペンキ、炭、あるいは水漆喰などを使って。

（フリードリヒ『ベルリン地下組織』〔一部改訳〕）

活動に共鳴したフリードリヒはシュミットに対し協力を約束した。何人の参加者が見込めるかとのシュミットの問いに対し、フリードリヒは「十二人から十四人ほど出せます」と答えている。そのなかには「エミールおじさん」のメンバーのほか、ラルフとリタも含まれていた。

シュミットは壁への落書きに加えて、大量のビラも用意していた。そこにはこう記されていた。


ベルリン市民たちよ！　兵士、そして男性諸君、女性諸君！

諸君は精神錯乱者ヒトラーと彼の残忍な猟犬ヒムラーが、あらゆる都市を極限まで防衛せよと命令したことを知っているだろう。今なおナチスの命令を遂行しようとするのは愚か者か、そうでなければならず者だ。

ベルリン市民諸君！

ウィーン市民の例に従おう。ひそかな抵抗や、公然たる抵抗によってウィーンの労働者と兵士たちは、自分たちの都市で大量殺戮が行われるのを阻止したのだ。ベルリンは、アーヘン、ケルン、ケーニヒスベルクと同じ運命を受け入れるのか？

否！

あらゆる場所に「否！」と書くのだ。兵舎で、企業で、そして避難所で抵抗運動の核を形成せよ。ヒトラーとその共犯者たちの肖像画を路上に投げ捨てよ。武器を取り、抵抗グループを組織せよ！

ベルリン抵抗グループ　エルンスト

（ベンツ『抵抗と人道』、フリードリヒ　前掲書）

ベルリン全市に及んだこの行動に参加した者が全部でどれくらいいたのかについては、正確には把握されていない。だが決行の前日、準備のために文具店でチョークを買い求めたフリードリヒは、店員からこんなことばを聞かされている。「妙なことだわ。私は五年前からこの店にいるけど、今日ほどたくさんのチョークを売ったことはないわ。チョークの問い合わせは、あなたで七人目よ」。

**「否」《ナイン》行動《アクツィオン》**

シュミットが提案した「反戦行動《ナインアクツィオン》」は、ナチス政権打倒を訴えるベルリン市民最後の反戦行動となった。彼らは一九四五年四月十八日の深夜から翌早朝にかけて、ベルリン市内のあらゆる場所に「否」と落書きして回った。「エミールおじさん」のフリードリヒとともに活動に加わった二十歳の娘カーリンは、この夜の光景と高揚感を後日次のように綴っている。

「否」行動

波乱に満ちた夜
力強く否定せよ
狂乱し、壁に塗りたくろう
焼いたじゃがいもを腹に詰め込み、お茶をたっぷり飲んで
ありったけの勇気と
満身の怒りを胸に

隷属から脱却し
大いなる一歩を踏み出せ
暴政から脱却し
「崇高なる」殴り書きをせよ
この殴り書きを広げよう
そして誇りをもって自由を享受するのだ

カーリン

（ベンツ　前掲書）


ラルフとリタは、アグネス・ヴェントラントの長女ルートとともにヴィルマースドルフの「持ち場」についていた。三人のうちふたりが周囲を見張り、あとのひとりはペンキやチョークで壁という壁にひたすら「否」と書き続けた。

この活動に加わることの危険性を、ラルフもリタも十分に承知していた。万一にも再び逮捕されれば、今度こそ間違いなく処刑である。敗戦はもう目の前に迫っていた。いましばらく身を潜めてさえいれば、間もなく戦争は終わるのだ。それなのになぜこの期に及んで、九死に一生を得た身をさらしてまで、彼らは活動に加わったのか。

この疑問について、ふたりは何も語っていない。だが、逮捕の経験を経てラルフもリタも精神的に強くなっていた。救われた喜びと感謝を味わうなかで、自分たちが生きることの意味を改めて考えるようになった。彼らは反戦を訴えるこの活動のなかに、一命を賭すに足る価値と希望を見出したのである。

「反戦行動」から五日目の四月二十三日、ソ連軍がベルリン市郊外に到達した。二十七日までに同市は完全に包囲され、四月三十日には、総統ヒトラーが自害した。そして五月二日、ナチス・ドイツの首都ベルリンは、ついに連合軍に屈服したのである。

## 3　終戦

### ダビデの星を身に着けて――ルート・アブラハム夫妻

戦争は終わった。十二年余に及んだナチス政権も崩壊した。

終戦から間もなく、ルートたち一家は潜伏先のノイマルクからベルリンに戻った。米英の進駐軍兵士の姿を見たとき、ルートは初めて戦争が終わったことを実感した。お腹がすいたと泣き叫ぶ幼いレーハをみて、イギリス軍の兵士は笑顔で食べ物をくれた。ヴァルターは、ユダヤ人の印である「ダビデの星」を身に着け、アメリカ軍の行進を見に行った。かつて迫害の象徴であった「ダビデの星」は、今や連合軍の報復から身を守る目印になったのである。だが、このときヴァルターの胸に付けられていた「星」は、もはやナチスに強要されたあの「黄色い星」ではない。

のちにイスラエル国旗となる白地に青の星であった。

**僕らはふたたび自由になった――ノイマン姉弟**

ベルリン市陥落の前夜、ラルフはリタに会いに行った。ナチス崩壊の瞬間をふたりで一緒に見届けたかったからである。その心情を、ラルフはのちにこう語っている。

生き延びるための僕らの闘いは、もはや過去のものとなった。もうナチスはいない。もうゲシュタポはいない。身を隠すことも、もはやない。強烈な喜びの感情が突き上げてきた。世界に向かって叫びたかった。僕らはふたたび自由になったのだと。

（ノイマン『わが青春期の記憶　一九二六―一九四六』）

潜伏ユダヤ人を救おうとした人びとの活動も終わった。それは、救援者と潜伏ユダヤ人にとって、互いの間に存在してきた救う者と救われる者という関係性の終わりをも意味していた。

終戦からまもなく、ふたりを守り続けたアグネス・ヴェントラントが病に倒れた。収容所で患ったチフスの再発だった。だが、混乱をきわめる敗戦直後のベルリンに、往診してくれる医者などいるはずもない。治療を受けさせるためには自力で病院に連れて行くしか方法はなかったが、車はあってもガソリンがなかった。救急車も来てくれなかった。瓦礫の山と化したベルリン市内は、救急車が走れるような状況ではなかったのだ。夫ヴァルターはうろたえながら、日増しに衰弱していく妻に寄り添うことしかできなかった。アグネスの命が消えるのは時間の問題に思えた。

ふと、ラルフの頭にある光景が思い浮かんだ。遠い昔の記憶だった。幼い頃、秋になると栗の実を荷車いっぱいに積んで公園まで運んだものだった。そうだ、荷車だ。あれを使えばいい。どこに行けば荷車が手に入るだろう。彼は荷車に石炭を積んで売り歩く商人の姿を思い出した。ラルフは石炭商人のところに飛んで行った。事情を聞くと、商人は快く荷車を貸してくれた。

ラルフたちはその荷車にアグネスをそっと横たえた。自分を守ってくれたアグネスに、今はこうして自分が手を差し伸べているのだ。ラルフは不思議な気もちにとらわれた。だが嬉しかった。彼は荷台のアグネスに振動が伝わらないよう気遣いながら、病院までの一・五キロの道のりをゆっくりと進んでいった。

# 終章

## それぞれの再出発

ドイツの敗戦は、ユダヤ人にとって長年苦しめられてきたナチスからの解放であった。とはいえ、終戦によって生きるための彼らの闘いがすぐに終わったわけではない。生命以外のすべてを奪われた多くのユダヤ人たちにとって、極度の物資不足にあえぐ終戦直後の日常は過酷を極めた。だがそれでも、彼らは少しずつ新たな人生へと踏み出していった。

一九四五年五月十一日、ベルリンで戦後最初のユダヤ教の礼拝が行われた。ユダヤ人たちにとって、再生の第一歩は「ユダヤ人としての自己」を取り戻すことであった。ナチス支配のもとで出自も氏名も偽り、「ドイツ人」として生きてきた潜伏者たちは、ふたたび本当の名を名乗り、ユダヤ人同胞との結びつきを取り戻していった。

占領軍による救援も行われた。終戦後間もなく、連合国軍の指示により占領地区に「ファシズムの犠牲者委員会」が設立された。これにより、ユダヤ人たちは、食料の配給や交通機関の利用、経済支援などの優先権を与えられた。

ここで、本書に登場した潜伏ユダヤ人たちや彼らを手助けしたドイツ人たちの戦後について見ておきたい。

ノイマン姉弟の姉リタは占領軍のアメリカ人男性と結ばれ、結婚してアメリカに移住した。弟のラルフはベルリン市内の私立学校に通い、アビトゥア（大学入学資格）を獲得したのち、一九四六年六月、姉のあとを追ってアメリカに渡った。渡航の直前、ラルフはアグネス・ヴェントラントの病床を見舞った。アグネスは癌を患っていた。今生の別れであった。それから二か月後の八月三十一日、アグネスは家族に看取られながら静かに息を引き取った。

ハンニ・ヴァイセンベルクも再出発の場所を国外に求めた。彼女は一九四六年、親戚を頼ってパリに移住し、そこで知り合ったユダヤ人男性と結婚した。だが、ドイツを離れたあとも、ハンニは老いて病身となったかつての救援者コルツァーへの気遣いを忘れることはなかった。一方、クラカウアー夫妻はベルリンには戻らず、シュツットガルトで余生を送った。かつて恐怖におびえながら向かったヴュルテンベルクの地は、二年近くに及ぶ年月を経て、大切な人びととともに安心して生きられる場所へと変化したのである。

生き延びるため、結婚という手段を選んだダゴベルト・レヴィンとシングルマザーのイルゼは、終戦後に離婚した。終戦前の一九四五年、イルゼと息子のクラウスはゲシュタポに逮捕され、収容所に連行されていた。ダゴベルト自身も終戦直前にゲシュタポに捕えられたものの、首尾よく脱獄し、無事に救援者のもとで終戦を迎えた。戦後もイルゼたちの行方は不明のまま、時が過ぎていった。ふたりがベルゲン・ベルゼンの難民キャンプで生きていることが明らかになったのは、終戦から一年が経過した一九四六年春であった。

二十二歳のダゴベルトは自問した。この先も自分は、イルゼと婚姻生活を続けていくべきなのか。自分は夫として父としての義務を背負い続けるべきなのだろうか。

悩み抜いた末、別離を決意したダゴベルトは、イルゼと話し合うためベルゲン・ベルゼンに出かけて行った。出迎えたイルゼは元気そうだった。協力し合い、困難を乗り越えてきた者同士として、ダゴベルトとイルゼは抱き合い、涙し、離れてからそれぞれの身に起こったできごとを報告しあった。このときはじめて、ダゴベルトはイルゼが自分の子どもを身ごもっていたことを知った。彼女によれば、授かった子どもは男児であった。終戦直後に難民キャンプで出産したものの、生後五か月で死んでしまったという。ダゴベルトは混乱し、打ちひしがれた。

「せめてそのとき、僕もそばにいたかった。きっと何かしてやれただろうに」

それはダゴベルトの素直な感情だった。だがイルゼはそっけなく言った。

「終わったことよ。死んだ赤ちゃんとともに、私たちの人生の一部も終わったのよ。そりゃあ、悲しいわよ。でも前に進まなくちゃ」

そのとき、イギリス軍の制服を着た男が部屋に入ってきた。イルゼには、すでに新たな恋人ができていたのだ。

「イルゼ、君はあの男と結婚するつもりなのか」

「ええ。とってもいい人なの」

こみあげてくる怒りを抑えて、ダゴベルトはイルゼに別れを告げた。その後のダゴベルトは金属加工の技術を生かして職業訓練学校の教師を務めた後、一九四九年にアメリカに移住した。

生き延びたユダヤ人のなかには、かつての救援者と戦後も親しい関係を維持した者も少なくなかった。

ルート・アブラハムとマリア・ニッケルは、かけがえのない友人同士となった。戦後に再び経済的豊かさをとり戻したアブラハム一家は、折に触れてマリアたちを支援した。トラック運転手だったマリアの夫ヴィリは、敗戦の混乱のなかで職を失い、経済的に困窮していた。それを知ったヴァルター・アブラハムは、自分の人脈を利用しアメリカ占領軍所属の運転手の職を見つけてあげた。以後、ヴィリは老齢年金を得て引退するまで二十五年以上の間、この仕事を続けた。

一九四八年、アブラハム一家はニューヨークに移住したが、ルートとマリアの友情が変わることはなかった。ルートの夫ヴァルターはニューヨークに家具店を開業し、実業家としてふたたび成功を手にした。マリアのもとには、ルートから毎月食料や衣類をいっぱいに詰めた箱が送られてきた。ルートからの物資は、敗戦国ドイツで貧困にあえいでいたマリアたち一家にとって、命をつなぐ重要な支えとなった。

カウフマン・ネットワークを支えたユダヤ人シオマ・シェーンハウスとドイツ人秘書ヘレネ・ヤコブスもまた、生涯の友となった。懲役二年六か月の判決を受けたヘレネは、刑務所での生活に耐え、生き延びて戦後を迎えた。戦後のヘレネは、ユダヤ人に対する戦後補償やキリスト教徒との関係修復に力を尽くした。一方、自転車でシュツットガルトに逃れスイスに亡命したシオマは、戦後美術学校で学びなおした後、一九五三年、バーゼルでグラフィックデザインの工房を開設した。

## ユダヤ人救援活動が現代に示すもの

本書では、過酷な時代を生き抜いた潜伏ユダヤ人と、彼らを救った無名のドイツ市民たちの姿を見てきた。第二次世界大戦の終結から八十年近くが経過した今、彼らの行動が現代を生きる我々に示すものとは何か。

名もなき人びとの素朴な良心、自らの信念に従って行動する覚悟と忍耐、仲間との信頼など、我々が救援活動から学ぶものはいろいろあるだろう。一方で、ユダヤ人たちに目を向ければ何があっても諦めない強靱な意志やユダヤ人としての誇りに加えて、家族を奪われ、ただひとり潜伏生活のなかに投げ出された若者たちが、生きる力を身に着け、人生の意味を摑みとっていく成長の姿も多くのことを教えてくれる。

だが、それらにもまして、彼らが強く語りかけてくる問いがある。すべてのものを奪われたとき、人間が求めるものとは何か。いかなる闇のなかに投げ出されても、それでもなお「未来」を信じ続けるために人は何を必要とするのか。

それは、結局人である。ドイツ市民たちが守ったのは、潜伏者の生命だけではなかった。この世には、自分の味方でいてくれる人間がいる。たとえたったひとりでも、自分の存在を肯定し、大切に思ってくれる者がいる。その思いは、極限状況におかれたユダヤ人をこの世につなぎとめる、最後にして最大の砦となった。

一方で、救援者たちを支えたのもまた、他者の存在だった。国家政策に抗い、孤独な闘いを続けた彼らを支えたのは、自分の行動は正しいという信念であった。その際、同じ信念をもつ他者の存在は何にもまして勇気の源となったであろう。

人を支えるのは人である。死の淵に追いやられてもなお、人は希望をもつことができる。自分はひとりではないという確信こそ、人を救うたったひとつのものである。

だからこそわれわれは、生きようとする者、善くあろうとする者を孤立させてはならない。いつの時代も、未来を変えていく原動力は人間同士の連帯にある。

ナチス期ドイツとは、人が人を密告し合う相互不信が極限にまでおし進められた社会だった。しかしその裏には、「他者を信じる」ということひとつを頼りに、命をつなごうとしたもうひとつのドイツの姿があったのである。

**語り継がれる「沈黙の勇者たち」**

本書の最後に、これらのユダヤ人救援者の行動が戦後、いかに記録されてきたのかについても触れておきたい。

「はじめに」でも述べたように、ドイツ国内において、ナチス期の救援者たちの存在が重要な研究対象とみなされるようになったのは、終戦から四十年以上も経過した一九九〇年代になってからであった。当時、多くの当事者や関係者はすでにこの世になく、たとえ生存していても遠い昔の事実を正確に思い出せる者は少なかったであろう。

にもかかわらず、それ以降の研究と検証が可能となったのは、当のドイツの人びとが関心をもつ遥か以前から救援活動の実態を掘り起こし、地道に記録をし続けてきたユダヤ人たちがいたからである。

生き延びたユダヤ人と救援者に関する情報収集の努力は、戦後早い時期から存在したが、最初の大掛かりな取り組みは、一九五六年にアメリカ在住のユダヤ人ジャーナリスト、クルト・R・グロスマンが新聞紙面を通じて行ったユダヤ人救援者に関する情報提供の呼びかけであった。寄せられた情報は百件を超え、それをもとに翌年『称えられない勇者たち—暗黒期のドイツにおける人びと—』がベルリンで出版された。以来、ドイツ内外でユダヤ人救援者の存在に光があたるまでの長い間、その存在と行動は、彼らに救われたユダヤ人たちによって語られ、記録が蓄積されてきたのである。

だが、少数の研究者やユダヤ人関係者を別とすれば、こうした活動に関心をもつ者はほとんどいなかった。たしかに、一九六三年にはイスラエルで、ユダヤ人救援に関与した外国人を「諸国民のなかの正義の人」として顕彰する事業が始まったが、その評価はイスラエル国内にとどまるものであったし、対象となったドイツ人救援者もごくわずかだった（なお、顕彰の対象となったドイツ人の救援活動は現時点でも六百五十一件にすぎず、しかもそのうち半数近くは一九九〇年以降に顕彰されたものである）。

そうしたなかで、ドイツ国内外に広く「沈黙の勇者」の存在を伝えた最大の功労者は、本書にも登場するインゲ・ドイチュクロンであった。戦後、生き延びたユダヤ人の圧倒的多数がドイツを去っていったなかで、ドイチュクロンはドイツにとどまることを望んだ。狂気の時代にあっても人間性を失わず、自分たちを救ってくれた幾多のドイツ市民がいたという厳然たる事実が、彼女のその後の人生を決定づけた。救援者たちはナチスに翻弄される祖国を憂いながらも、今日の前にある異常な現実だけがドイツのすべてではない、いつか必ず本来の姿に立ち戻る日が来ると信じていた。

自分を守ってくれた救援者たちと手を携え、「新たな時代のドイツ」の礎となること、そして、全体主義の時代にあっても国家に迎合せず、自らの信念にしたがった人びとがいた事実を次代に伝えていくことこそ、救われた自分の責務だと彼女は考えた。戦後、ジャーナリストとなった彼女は二〇二二年三月、九十九歳で世を去るまで生涯この決意を貫いた。

二〇一七年、ドイツで公開された映画「潜伏者たち（邦題：ヒトラーを欺いた黄色い星。日本公開二〇一八年）」は、ユダヤ人救援活動に関する研究と検証の集大成といえるだろう。

ドイツ抵抗運動記念館の全面協力によって製作されたこの作品には、製作当時すでに九十歳を超える年齢となっていた四名の元潜伏ユダヤ人が出演している（なお、四人のなかには本書で取り上げたハンニ・ヴァイセンベルクとシオマ・シェーンハウスも含まれている）。彼らが作品に参加したのは、自らのことばで改めて事実を伝え、後世に残すことのできる最後の機会だと考えたからに他ならない。作品のなかで、元潜伏者たちは当時の状況を冷静に語るとともに、自分たちを救ってくれた人びとや、親切心を失わず、ささやかな厚意を示してくれた人びとがいた事実を詳細に語っている。

映画公開から五年が経過し、四人の出演者たちもすでに故人となった。ユダヤ人救援について、今後次々に新たな事例が掘り起こされていく可能性は小さいだろう。だがそれでもなお、ユダヤ人救援者は、決して遠い過去の存在ではない。彼らは今も、現代を生きるわれわれとつながっている。本書の最後に、その事実を示すささやかなエピソードを紹介したい。

二〇〇〇年。八十七歳になったルート・アブラハムはアメリカで病院のベッドにいた。心臓のバイパス手術を受けるためであった。入院中、ルートはたったひとつのことばを繰り返しては、付き添いの家族を戸惑わせた。「ベルリンに行かなくちゃ。マリアのお誕生日のお祝いをしなくちゃ」。マリアとは、かつての救援者マリア・ニッケルである。ベルリンに暮らすマリアは、当時九十歳の誕生日を目前に控えていた。

手術が成功し、麻酔から醒めたときも、ルートが真っ先に言ったことばは「さあ、これでベルリンに行かれるわ」だった。

こうして二〇〇〇年五月、ルートは子どもや孫、ひ孫たちを連れてベルリンに渡った。今や高齢となったマリアとルートがベルリン市内のホテルで再会したときの光景は、改めて語るまでもないだろう。息子に支えられながらゆっくり近づいてくるマリアの姿に気付くと、ルートは待ちきれず、杖を握りしめて立ち上がった。

マリアの誕生祝いの席を準備したのは、潜伏生活のさなかに生まれ育ったルートの長女レーハとその夫であった。だが、ルートが何としてもベルリンに行きたいと願ったのは、単に誕生日を祝うためだけではなかった。ルートは自分の血を分けた子どもや孫、ひ孫たちに、どうしても伝えておきたいことがあったのだ。

涙と喜びに包まれた再会の興奮が収まると、ルートは同行した子どもや孫、ひ孫の顔をひとりひとりゆっくりと見渡した。ルートはそれまで、長女レーハ以外の子どもや孫たちにナチス時代の体験を語ることがなかった。戦後のアメリカで生まれ育った彼らは、自分たちのルーツを知ることなく、これまでアメリカ人として生きてきたのである。だが今、ようやくすべてを語るときが来たのだ。それは決してルートだけの昔話ではない。若い世代にとって、自分がなぜこの世に生まれてきたかを知る、自分自身の物語であった。

ルートは語り始めた。

「この人がマリア。私たち皆の天使よ。もしこの人がいなかったら、今ここにいる私たちの誰一人、この世にはいないのよ」

この再会からほどなくして、マリア・ニッケルは帰らぬ人となった。三年後、ルートもまた世を去った。共に享年九十。

# おわりに

「多様性《ダイバーシティ》」ということばが社会で注目されるようになって久しい。二〇二一年、コロナ禍の東京で開催されたオリンピック、パラリンピック大会が掲げたスローガンも「多様性と調和」であった。

多様性ということばの根幹には、少数者の立場や意見を尊重すべきとの価値観が存在する。だが歴史を振り返ってみれば、少数者がいかに尊重されるかは、その社会や集団がもつ「余裕」に依存するというのが現実であった。

国家にとっての余裕とは、政治的安定であり、経済的・文化的豊かさであろう。追い詰められ、余裕を失うにつれて、社会は全体主義へと傾斜し、人びとは生き延びるために「多数者」の側にわが身を置こうとする。少数者は異端視され、「多数者」となって生きることを要求されるか、さもなければ存在そのものを否定される。ナチス時代のドイツは全体主義の極致であったが、こうした状況は決してナチス・ドイツだけの特異な姿ではない。いつの時代にも、どの国や集団でも起こりうる事象なのだ。

ユダヤ人を救った幾多の無名市民は、圧倒的多数がナチスを信奉した全体主義の時代において、

「少数者」であることを貫こうとした人びとである。ユダヤ人救援者たちのおよそ七割は、活動への関与を乞われた際、その場で行動を即決したとされるが、本当の困難はその後である。決意は一瞬でできたとしても、その決意によって引き受けた難題は一瞬では終わらない。戦局の悪化、近隣住民の監視の目、ユダヤ人を匿うことで発生する新たな出費など、いくつもの重荷が救援者たちにのしかかる。

救援活動への関与を後悔した人びともいただろう。日々迷い、葛藤しながら活動を続けた者も多かったろう。途中で心変わりし、活動を放棄した者も当然いただろう。事が露見し、救うはずのドイツ人も救われるはずのユダヤ人も、共に命を落としたケースも少なくなかった。

一方で、潜伏生活を選択したユダヤ人もまた、ユダヤ人のなかの「少数者」であった。多くの者がナチスに背く恐怖に怯え、為すすべもなく収容所へと送り込まれていくなかで、自己を信じ、あるいは目の前にいるドイツ人を信じて行動したのが潜伏者たちであった。

今日残る救援活動の記録の多くは、救われ、生き延びたユダヤ人による語りである。戦後何十年もの後に子どもや孫たちに囲まれ、安らいだ自宅のリビングルームで語られた記憶は、だからかけがえのない真実ではあっても、決してユダヤ人救援活動のすべてではない。

彼らの背後には、救われなかった幾多のユダヤ人たちと、救援を全うできなかった救援者たちがいる。そして、そこにはおそらく、本書が記してきた事実よりもさらに生々しく、凄絶な実態がある。これから先も彼らの姿が語られることはない。その意味で、名もなき人びとの善意と葛藤の記録は、永遠に全体像が示されることのない未完の物語である。

時は移り、第二次世界大戦もナチス・ドイツも遠い過去となった。現代を生きる我々の多くは、当時の人びとがおかれていたほどの過酷な現実を体験してはいない。平和で豊かな時代には、人は誰しも多くのものを大切にできる。あれも、これも、どれも皆大切だと考え、そのように振舞うことができる。

だが、追い詰められていくたびに、人はより峻厳に自己と向き合わざるを得なくなる。「少数者」として行動することを選択した救援者と、何があっても生きようとした少数のユダヤ人たち。名もなき人びとの生の記録は、いかなる局面におかれても自分自身であり続けること、己の生を全うすることの大切さを私たちに示してくれる。

最後に、一言記しておきたい。本書の構想は、秋田大学名誉教授である對馬達雄先生との語らいのなかで育まれた。長年、教育学の分野に従事してきた筆者には、これまでの分野とは異なるテーマに言及することに、躊躇も畏れもあった。「決して教育学とかけ離れたテーマではない。人間の生を描くことこそ、教育学の神髄だ」という先生の励ましがなければ、本書が世に出ることはなかっただろう。また新潮社の亀崎美穂氏には、編集者として、また本書の最初の読者として常にクリエイティブなご指摘をいただいた。深く感謝申し上げる。

「貧者の一灯」ということばがある。貧者が心を込めて寄進したたったひとつの灯明は、富者の豪華な寄進にまさるという仏教の故事に由来することわざである。

ナチス時代のドイツでユダヤ人に手を貸した無名の市民たちの存在は、ささやかな灯火となって、今もこれからも社会の片隅を照らし続けるだろう。

人は強い。そのことを信じさせてくれる証として。

【邦文】


ゲッツ・アリー著、芝健介訳『ヒトラーの国民国家―強奪・人種戦争・国民的社会主義―』岩波書店、2012年
稲葉千晴『ヤド・ヴァシェームの丘に―ホロコーストからユダヤ人を救った人々―』成文社、2020年
イアン・カーショー著、宮下嶺夫訳『ナチ・ドイツの終焉　1944-45』白水社、2021年
河島幸夫『戦争・ナチズム・教会―現代ドイツ福音主義教会史論―』新教出版社、1993年
ダニエル・J・ゴールドハーゲン著、望田幸男監訳、北村浩・土井浩・高橋博子・本田稔訳『普通のドイツ人とホロコースト―ヒトラーの自発的死刑執行人たち―』、ミネルヴァ書房、2007年
ロバート・ジェラテリー著、根岸隆夫訳『ヒトラーを支持したドイツ国民』みすず書房、2008年
芝健介『ホロコースト―ナチスによるユダヤ人大量殺戮の全貌―』中公新書、2008年
武井彩佳『戦後ドイツのユダヤ人』白水社、2005年
同「抵抗はどこまで可能だったのか―その現実と戦後の解釈―」『南山大学ヨーロッパ研究センター報』第27号、2021年
對馬達雄『ヒトラーに抵抗した人々―反ナチ市民の勇気とは何か―』中公新書、2015年
長田浩彰『われらユダヤ系ドイツ人―マイノリティから見たドイツ現代史　1893-1951―』広島大学出版会、2011年
アントニー・ビーヴァー著、川上洸訳『ベルリン陥落　1945』白水社、2004年
平山令二『ユダヤ人を救ったドイツ人―「静かな英雄たち」―』鷗出版、2021年
同『わが青春　ラルフ・ノイマンの回想―ユダヤ人を救った人々（11）―』人文研紀要第89号、2018年
ラウル・ヒルバーグ著、望田幸男・原田一美・井上茂子訳『ヨーロッパ・ユダヤ人の絶滅（上）（下）』柏書房、1997年
藤原辰史『カブラの冬―第一次世界大戦期ドイツの飢饉と民衆―』人文書院、2011年
イェルク・フリードリヒ著、香月恵里訳『ドイツを焼いた戦略爆撃　1940-1945』みすず書房、2011年
ウルリヒ・ヘルベルト著、小野寺拓也訳『第三帝国―ある独裁の歴史―』角川新書、2021年
マイケル・ベーレンバウム著、芝健介日本語版監修、石川順子・高橋宏訳『ホロコースト全史』創元社、1996年

ロジャー・ムーアハウス著、高儀進訳『戦時下のベルリン―空襲と窮乏の生活　１９３９－４５―』白水社、２０１２年
ウォルター・ラカー編、井上茂子・木畑和子・芝健介・長田浩彰・永岑三千輝・原田一美・望田幸男訳、『ホロコースト大事典』柏書房、２００３年

## 【欧文】

Andreas-Friedrich, Ruth, *Der Schattenmann. Tagebuchaufzeichnungen 1938–1948*, Frankfurt a. M. 1984, 2012.（若槻敬佐訳『ベルリン地下組織―反ナチ地下抵抗運動の記録　１９３８～１９４５―』未來社、１９９１年）
Benz, Wolfgang (Hrsg.), *Überleben im Dritten Reich. Juden im Untergrund und ihre Helfer*, München 2003.
Ders., *Protest und Menschlichkeit. Die Widerstandsgruppe »Onkel Emil« im Nationalsozialismus*, Stuttgart 2020.
Boehm, Eric H., *We survived. Fourteen Histories of the Hidden and Hunted in Nazi Germany*, Colorado 2003.（初版１９４９年）
Deutschkron, Inge, *Ich trug den gelben Stern*, Köln 1978.（馬場謙一訳『黄色い星を背負って―ナチ支配下を生きたユダヤ人女性の証言―』岩波書店、１９９１年）
Dies., *Sie blieben im Schatten. Ein Denkmal für »stille Helden«*, Berlin 1996.
Dies., *Dem Leben hinterher. Fluchtorte jüdischer Verfolgter*, Berlin 2010.
Düring, Marten, *Verdeckte soziale Netzwerke im Nationalsozialismus. Die Entstehung und Arbeitsweise von Berliner Hilfsnetzwerken für verfolgte Juden*, Berlin 2015.
Frankemölle, Hubert (Hrsg.), *Opfer und Täter. Zum nationalsozialistischen und antijüdischen Alltag in Ostwestfalen-Lippe*, Bielefeld 1990.
Gedenkstätte Stille Helden, *Widerstand gegen die Judenverfolgung 1933 bis 1945*, Berlin 2009, 2016.
Gailus, Manfred/Vollnhals, Clemens (Hrsg.), *Mit Herz und Verstand. Protestantische Frauen im Widerstand gegen die NS-Rassenpolitik*, Göttingen 2013.
Grossmann, Kurt R., *Die unbesungenen Helden. Menschen in Deutschlands dunklen Tagen*, Berlin 1957.
Gruner, Wolf, *Judenverfolgung in Berlin 1933–1945. Eine Chronologie der Behördenmassnahmen in der Reichshauptstadt*, Berlin 1996.
Hamann, Christoph/Kosmala, Beate, *Flitzen-verstecken-überleben? Hilfe für jüdische Verfolgte 1941–1945. Geschichten, Quellen, Kontroverse*, Berlin 2013, 2018.

Harpprecht, Klaus, *Harald Poelchau. Ein Leben im Widerstand*, Hamburg 2004.
Helas, Horst, *Juden in Berlin-Mitte. Biografien. Orte. Begegnungen*, Berlin 2000.
Horbach, Michael, *Wenige. Zeugnisse der Menschlichkeit 1933–1945*, München 1964.
Jah, Akim, *Die Deportation der Juden aus Berlin. Die nationalsozialistische Vernichtungspolitik und das Sammellager Große Hamburger Straße*, Berlin 2013.
Kain, Robert, *Otto Weidt. Anarchist und »Gerechter unter den Völkern«*, Berlin 2017.
Kaplan, Marion A. (Eds.), *Jewish Daily Life in Germany 1618–1945*, New York 2005.
Kardorff, Ursula von, *Berliner Aufzeichnungen aus den Jahren 1942–1945*, München 1962, 1964.
Kellerhoff, Sven Felix, *Berlin im Krieg. Eine Generation erinnert sich*, Berlin 2011.
Kosmala, Beate/Schoppmann, Claudia (Hrsg.), *Sie blieben unsichtbar. Zeugnisse aus den Jahren 1941 bis 1945*, Berlin 2006.
Krakauer, Max, *Lichter im Dunkel. Flucht und Rettung eines jüdischen Ehepaares im Dritten Reich*, Stuttgart 1947, 1975.
Kulka, Otto Dov/Jäckel, Eberhard (Hrsg.), *Die Juden in den geheimen NS-Stimmungsberichten 1933–1945*, Düsseldorf 2004.
Leuner, H. D., *Als Mitleid ein Verbrechen war. Deutschlands stille Helden 1939–1945*, Wiesbaden 1967.
Ders., *Gerettet vor dem Holocaust. Menschen, die halfen*, München 1979.
Lévy, Hanni, *Nichts wie raus und durch! Lebens- und Überlebensgeschichte einer jüdischen Berlinerin*, Berlin 2019.
Lewyn, Bert/Lewyn, Bev Saltzman, *On the Run in Nazi Berlin. Memoirs*, Atlanta 2003–2005.
Lustiger, Arno, *Rettungswiderstand. Über die Judenretter in Europa während der NS-Zeit*, Göttingen 2011.
Meyer, Beate/Simon, Hermann/Schütz, Chana (Eds.), *Jews in Nazi Berlin. From Kristallnacht to Liberation*, Chicago 2009.
Neuman, Ralph, *Erinnerungen an meine Jugendjahre in Deutschland 1926–1946*, Berlin 2010.
Owings, Alison, *Frauen. German women recall the third reich*, London 1993.
Riffel, Dennis, *Unbesungene Helden. Die Ehrungsinitiative des Berliner Senats 1958 bis 1966*, Berlin 2007.
Rudolph, Katrin, *Hilfe beim Sprung ins Nichts. Franz Kaufmann und die Rettung von Juden und „nichtarischen" Christen*, Berlin 2004, 2017.
Sandvoß, Hans-Reiner, *Widerstand in Pankow und Reinickendorf*, Berlin 1992, 2008.

Ders., *Widerstand in Mitte und Tiergarten*, Berlin 1999.

Schneider, Peter, *„Und wenn wir nur eine Stunde gewinnen…“ Wie ein jüdischer Musiker die Nazi-Jahre überlebte*, Berlin 2001.（八木輝明訳『せめて一時間だけでも―ホロコーストからの生還―』慶應義塾大学出版会、２００７年）

Schönhaus, Cioma, *The Forger*, London 2007.

Silver, Eric, *Sie waren stille Helden. Frauen und Männer, die Juden vor den Nazis retteten*, München 1994.

Sokolow, Reha/Sokolow, Al, *Ruth und Maria. Eine Freundschaft auf Leben und Tod (Berlin 1942-1945)*, Berlin 2006.

Tausendfreund, Doris, *Erzwungener Verrat. Jüdische „Greifer“ im Dienst der Gestapo 1943-1945*, Berlin 2006.

Voigt, Martina, *Einig gegen die Trägheit der Herzen. Das Hilfsnetzwerk um Elisabeth Abegg zur Rettung jüdischer Verfolgter im Nationalsozialismus*, Berlin 2022.

Wette, Wolfram (Hrsg.), *Stille Helden. Judenretter im Dreiländereck während des Zweiten Weltkriegs*, Freiburg im Breisgau 2005, 2014.

写真出典

本書に掲載した写真は、特別な記載のないものはすべてベルリンのドイツ抵抗運動記念館からの提供によるものである。

地図制作　アトリエ・プラン

新潮選書

沈黙《ちんもく》の勇者《ゆうしゃ》たち　ユダヤ人《じん》を救《すく》ったドイツ市民《しみん》の戦《たたか》い

著　者……………… 岡《おか》　典子《のりこ》

発　行……………… 2023年５月25日
３　刷……………… 2024年３月30日

発行者……………… 佐藤隆信
発行所……………… 株式会社新潮社
〒162-8711 東京都新宿区矢来町71
電話　編集部 03-3266-5611
読者係 03-3266-5111
https://www.shinchosha.co.jp
シンボルマーク／駒井哲郎
装幀／新潮社装幀室
印刷所……………… 株式会社三秀舎
製本所……………… 株式会社大進堂

乱丁・落丁本は、ご面倒ですが小社読者係宛お送り下さい。送料小社負担にてお取替えいたします。価格はカバーに表示してあります。

ISBN978-4-10-603899-0 C0322

不寛容論
アメリカが生んだ「共存」の哲学
森本あんり

「不愉快な隣人」と共に生きるにはどうすればいいのか。植民地期のアメリカで、多様性社会を築いた偏屈なピューリタンの「キレイごとぬきの政治倫理」。

《新潮選書》

欧州戦争としてのウクライナ侵攻
鶴岡路人

NATOとロシアの熾烈な抑止合戦、ウクライナ抗戦の背景、そして日本への教訓は――「欧州」の視座から、この戦争の本質と世界の転換を解き明かす。

《新潮選書》

社会思想としてのクラシック音楽
猪木武徳

近代の歩みは音楽が雄弁に語っている。バッハからショスタコーヴィチまで、音楽と政治経済の深い結びつきを、社会科学の視点で描く。愉悦の教養講義。

《新潮選書》

マックス・ヴェーバー物語
二十世紀を見抜いた男
長部日出雄

混迷する世界の難問を解く鍵は？　百年以上前にヴェーバーは資本主義の行く末を予見していた。ドイツの哲人の生涯と思想を綴る評伝大作。名著の選書化。

《新潮選書》

教養としてのゲーテ入門
「ウェルテルの悩み」から「ファウスト」まで
仲正昌樹

ゲーテはなぜ教養の代名詞とされているのか。「近代の悪魔」の正体を誰よりも早く、的確に描いたゲーテ作品の〈教養のツボ〉がよく分かる完全ガイド。

《新潮選書》

エッダとサガ
北欧古典への案内
谷口幸男

神々と英雄の躍動、ヴァイキングの冒険、氷の島アイスランドでの人々の生活。ワーグナー楽劇の源泉ともなった豊饒な世界への扉を開く名著、待望の復刊！

《新潮選書》